Natur
und Einkehr

D1704733

WANDERUNGEN ZU
SCHWEIZER PILGERORTEN

Die untere der beiden
Kapellen in der
Melchaa-Schlucht
bei Flüeli-Ranft OW

Natur und Einkehr

WANDERUNGEN ZU SCHWEIZER PILGERORTEN

Andreas Staeger

atVERLAG

Umschlag Vorderseite: San Romerio, Brusio
Umschlag Rückseite: Unsere Liebe Frau zur Hohen Stiege, Saas-Fee

Reihe: Wandern in der Schweiz

© 2024
AT Verlag AG, Aarau und München
Fotografie: Andreas Staeger, Seite 180: Pius Häfliger
Coverbilder: ©IMAGO/Clickalps SRLs (Vorderseite), Andreas Staeger (Rückseite)
Lektorat: AT Verlag
Gestaltung und Satz: AT Verlag
Kartenausschnitte: Atelier Guido Köhler & Co., Binningen
Bildbearbeitung: Vogt Schild, Derendingen
Druck und Bindearbeiten: AZ Druck und Datentechnik, Kempten
Printed in Germany

ISBN 978-3-03902-243-4

www.at-verlag.ch

Der AT Verlag wird vom Bundesamt für Kultur
für die Jahre 2021–2025 unterstützt.

Inhalt

MITTELLAND UND NORDWESTSCHWEIZ

WALLIS UND TESSIN

WESTSCHWEIZ UND JURA

ZENTRALSCHWEIZ

‹
Die Pfarrkirche
von Bürglen UR ist
der Ausgangspunkt
des Kapellenwegs
im Schächental.

Vorwort

Gemütlich tuckert der Zug dem Lago di Poschiavo entlang. Die Dämmerung hat im Tal bereits Einzug gehalten, als auf einmal ein Traumbild erscheint, das uns den Atem stocken lässt: Hoch über dem nachtschwarzen See ragt am Rande schroffer grauer Klippen ein einsamer Kirchturm auf. Ringsum ist nichts als Geröll und Tannenwald zu sehen.

Wir sind zum ersten Mal im Valposchiavo (Puschlav). Den ganzen Tag hat es aus wolkenverhangenem Himmel genieselt, weshalb wir uns zu einem Ausflug ins nahe Italien entschieden haben. Nach einem Bummel durch das Städtchen Tirano sind wir nun auf der Rückfahrt. Gerade verziehen sich die letzten Wolken und geben die Sicht frei auf Bergspitzen, die in rötlichem Abendlicht schimmern.

Nach wenigen Augenblicken schiebt sich ein letzter Nebelfetzen vor das Kirchlein über dem Abgrund. Doch die malerische Szenerie hat sich schon in unser Gedächtnis gegraben und lässt sogleich einen unabweisbaren Wunsch aufkommen: Da müssen wir hin!

Ein Blick auf die Karte offenbart den Namen dieses ungewöhnlichen Schauplatzes: San Romerio. Zugleich entdecken wir, dass man zu Fuss — und nur auf diese Weise — hinkommt. Der Ausflug für den nächsten Tag steht damit fest.

Wie konnte jemand bloss auf die Idee kommen, an einem solch spektakulären und zugleich unmöglichen Ort ein Gotteshaus zu errichten? Diese Frage stellt sich bei vielen anderen Kirchen und Kapellen ebenfalls. Dabei sind die ungewöhnlichen Standorte von Sakralbauten nicht einmal eine Eigenheit des Christentums. Seit Urzeiten haben die Menschen Tempel, Kult- und Opferstätten an ungewöhnlichen Schauplätzen eingerichtet. Viele dieser Orte wurden im Zuge der Christianisierung überprägt, indem heidnische Tempel zu christlichen Kirchen umfunktioniert wurden, in denen die Gottheit und die Heiligen der neuen Konfession verehrt wurden.

Wie San Romerio liegen manche dieser Stätten an mehr oder weniger abgelegenen Standorten. Wer sie aufsuchte, tat das nicht einfach so nebenher, sondern unternahm bewusst und geplant eine Reise, die man als Wallfahrt bezeichnete. Viele dieser Orte werden auch heute besucht — sei es im Rahmen einer spirituell oder religiös motivierten Wallfahrt oder auch einer eher weltlichen Wanderung. Selbst in manchen nicht religiösen Kreisen gilt Pilgern als attraktiv, weil damit Erholung und Besinnung, aber auch Naturerlebnisse oder die Erfahrung von Tradition und Kultur verbunden sind.

Rund 300 Orte, die Pilgerinnen und Pilger anziehen, soll es in der Schweiz geben. Diese Zahl nennt jedenfalls die Katholische Internationale Presseagentur (KIPA). Darunter gibt es klingende Namen wie Einsiedeln und Mariastein, aber auch Wallfahrtsorte, die nur lokal oder bestenfalls regional bekannt sind. Das vorliegende Wanderbuch stellt Pilgerziele beider Kategorien vor – reizvoll gelegene Kirchen und Kapellen, die jeweils in eine Wanderung eingebunden sind. Oft finden sich die Wallfahrtsstätten am Schluss der Route, zuweilen liegen sie mitten am Weg, und in Einzelfällen bilden sie auch den Auftakt der Tour.

Die meisten dieser Wanderungen führen zu Sakralbauten, die auch heute als Pilgerziele dienen. In geografischer Hinsicht sind sie allerdings einseitig verteilt. Während es in katholischen Gegenden wie der Zentralschweiz oder den Kantonen Freiburg und Wallis neben unzähligen Wegkreuzen und Bildstöcken zahlreiche Wallfahrtskirchen und -kapellen gibt, hat die Reformation dem Pilgerwesen etwa in Zürich und Bern gründlich den Garaus gemacht, weil sie die Sakralisierung der Natur als Götzendienst einstufte. Um das Pilgern zu unterbinden, wurden Wallfahrtsstätten dort nicht bloss aufgehoben, sondern zuweilen auch zerstört.

Deshalb berücksichtigt diese Sammlung auch verschiedene Kultstätten in protestantischen Gegenden. Manche von ihnen haben ihre einstige Funktion als Pilgerziele dauerhaft verloren, andere konnten sie in den vergangenen Jahrzehnten, nachdem die dogmatischen Zuspitzungen des Kulturkampfs verweht waren, wiedererlangen.

Pilgern – Einkehr zu Fuss

Das Wallfahren ist die wohl älteste und ursprünglichste Form des touristischen Reisens. Im Begriff steckt das alte Wort «wallen» (in die Ferne reisen). Seine Bedeutung hatte schon früh eine religiöse Dimension: Wer eine Wallfahrt unternimmt, will um himmlischen Beistand bitten oder für empfangene Hilfe danken. Entscheidend dabei: Ebenso wichtig wie das Pilgerziel ist der Weg dorthin, denn bereits das Unterwegssein ermöglicht innere Einkehr.

Zu einer Zeit, als sich Distanzen noch nicht rasch und bequem mit technischen Verkehrsmitteln überwinden liessen, gab es für die meisten Menschen keinen Grund, grössere Strecken zurückzulegen – es sei denn, sie betrieben Handel oder leisteten Kriegsdienst. Oder aber sie wollten an einer heiligen Stätte Busse leisten oder Heilung finden.

Die bedeutendsten Wallfahrtsziele in Europa sind seit Jahrhunderten Rom und Santiago de Compostela. Um von der Schweiz dorthin zu gelangen, musste man mehrwöchige Fussmärsche bewältigen, die entbehrungsreich und teilweise auch gefährlich waren. Schon im Spätmittelalter, erst recht dann im Zuge der Reformation, entwickelte sich deshalb ein neuer Typus des Pilgerwesens: Neben der bisherigen Fernwallfahrt kam die Nahwallfahrt auf. Die neuen Pilgerorte lagen in der näheren Umgebung der Gläubigen und liessen sich mit einem mehr oder weniger kurzen Fussmarsch erreichen. Das hatte den Vorteil, dass sie für eine grössere Zahl von Menschen zugänglich waren.

Hintergrund dieser Neuausrichtung waren einerseits die innerkirchliche Kritik an der Anbetung von Reliquien sowie Zweifel an deren wundersamer Heilwirkung. Andererseits nahm die Marienverehrung zu, sodass die Gräber der Apostel und anderer Heiliger in den Hintergrund rückten. Schon im 15. Jahrhundert verlagerte sich das Pilgern zusehends auf Stätten, an denen eine Marienerscheinung oder ein anderer Ausdruck göttlicher Wirkung bezeugt wurde.

Das Pilgerwesen war zuweilen heftig umstritten. Beispielhaft zeigt sich dies am wichtigsten Wallfahrtsziel der Schweiz, der Schwarzen Madonna in der Klosterkirche Einsiedeln. Während der Reformation büsste das Kloster vorübergehend an Anziehungskraft ein, ehe es als religiöses Zentrum der katholischen Stände umso mehr Bedeutung erlangte. Doch mit dem Ende der Alten Eidgenossenschaft schien auch das Schicksal des Pilgerorts besiegelt: Die helvetische Regierung versuchte die Wallfahrten dorthin komplett zu unterbinden, scheiterte damit allerdings kläglich.

Viele Wallfahrten erfolgten unter selbst auferlegtem Druck (nach dem Schema: «Wenn ich an dieser Krankheit bzw. an den Folgen dieses Unfalls nicht sterbe, werde ich eine Pilgerreise unternehmen») oder gar unter staatlichem Zwang. Exemplarisch dafür ist die Geschichte eines Mannes namens Xaver Luternauer aus dem luzernischen Ruswil, der im frühen 18. Jahrhundert aufrührerische Reden gegen die Behörden gehalten hatte. Er wurde deshalb mit einem Wirtshausverbot belegt – und zu einer Wallfahrt nach Einsiedeln verdonnert.

Im Zuge von Humanismus und Aufklärung hat die Religion ihre einst dominante normative Stellung in der Gesellschaft eingebüsst. Mit der Säkularisierung hat sich auch die Bedeutung des Wallfahrens verändert. So hat das Pilgern in manchen Kreisen einen durchaus weltlichen Charakter angenommen. Das zeigt sich etwa an der Via Jacobi, dem bekanntesten und beliebtesten Pilgerweg nicht nur der Schweiz, sondern ganz Europas. Der Jakobsweg führt auf verschiedenen Routen nach Santiago de Compostela, wo das Grab des Apostels Jakobus des Älteren vermutet wird. Die Wallfahrt nach Santiago wurde bereits im Hochmittelalter von unzähligen Gläubigen unternommen. Im Zuge der Reformation erlebte sie einen vorübergehenden Niedergang, erfuhr danach aber bis ins 20. Jahrhundert wieder zusehends Aufschwung. Seit dem Tod des spanischen Diktators Franco, der den Heiligen zu nationalistischen Zwecken vereinnahmt hatte, erfreut sie sich wachsender Beliebtheit.

Beflügelt durch unzählige teils prominente Erlebnisberichte («Ich bin dann mal weg»), ist das Pilgern auf dem Jakobsweg ein wenig zu einer Modeerscheinung geworden, von der böse Zungen behaupten, sie werde als Seelen-Wellness praktiziert und trage damit zur zeitgeistigen Selbstoptimierung bei. Der Trend überdeckt einen wesentlichen Umstand: Nicht allein der Jakobsweg erlaubt Einkehr und Besinnung, denn die Schweiz bietet eine reiche Vielfalt an weiteren interessanten Wallfahrtszielen.

Hinweise zu den Tourenbeschreibungen

Schwierigkeitsgrade

Die Wanderungen weisen unterschiedliche Schwierigkeitsgrade auf. Die Einteilung orientiert sich an der Wanderskala des Schweizer Alpen-Clubs (SAC). Diese umfasst sechs Stufen (T1 bis T6). Die Touren in diesem Buch bewegen sich in den Schwierigkeitsstufen T1 bis T3.

T1: Wandern

Es handelt sich um feste und teilweise auch breite Wege. Falls vorhanden, sind exponierte Stellen gut gesichert. Die entsprechenden Routen sind gelb signalisiert, wenn sie Teil des offiziellen Wanderwegnetzes sind. Die Begehung stellt keine besonderen Anforderungen, auch Turnschuhe sind geeignet. Die Orientierung ist problemlos und in der Regel auch ohne Karte möglich.

T2: Bergwandern

Diese Wege weisen in der Regel ein durchgehendes Trassee auf, verlaufen aber in teilweise steilem Gelände. Die Routen sind weiss-rot-weiss signalisiert, wenn sie Teil des offiziellen Wanderwegnetzes sind. Wer sie begeht, sollte über etwas Trittsicherheit und ein elementares Orientierungsvermögen verfügen. Trekkingschuhe sind empfehlenswert.

T3: Anspruchsvolles Bergwandern

Bei dieser Kategorie ist der Wegverlauf am Boden nicht unbedingt durchgehend sichtbar. Ausgesetzte Stellen können mit Seilen oder Ketten gesichert, besonders steile Abschnitte mit Treppenstufen oder Leitern ausgestattet sein. Eventuell braucht man die Hände für das Gleichgewicht. Die Routen sind weiss-rot-weiss signalisiert, wenn sie Teil des offiziellen Wanderwegnetzes sind. Beim Begehen sind Trittsicherheit, durchschnittliches Orientierungsvermögen und elementare alpine Erfahrung erforderlich. Gute Trekkingschuhe sind empfehlenswert.

Wanderzeiten

Die angegebenen Wanderzeiten, Streckenlängen und Höhendifferenzen wurden mit der Routenplanungsfunktion von SchweizMobil ermittelt. Die Zeitangaben basieren auf einer Marschgeschwindigkeit von 4,2 km pro Stunde; Steigungen und Gefälle sind in der Gesamtwanderzeit eingerechnet. Besondere Wegverhältnisse und schwieriges Gelände wurden nach Möglichkeit berücksichtigt. Rastzeiten sind nicht einbezogen.

Saisonangaben

Viele Wanderungen lassen sich grundsätzlich das ganze Jahr hindurch unternehmen. Ausserhalb der Vegetationsperiode können jedoch nicht alle Routen begangen werden. Aus diesem Grund ist bei den einzelnen Touren jeweils die geeignete Saison angegeben. Dabei handelt es sich lediglich um Richtwerte mit Empfehlungscharakter. Je nach Situation (beispielsweise verzögerte Schneeschmelze im Frühjahr oder vorzeitiger Wintereinbruch im Herbst) können die aktuellen Verhältnisse von den angegebenen Zeitfenstern abweichen.

Belagsarten

Natürliche Bodenoberflächen wie Kies, Fels, Humus und Gras machen das Wandern zum Vergnügen. Weniger angenehm sind Asphalt und Beton. Rund ein Drittel des Schweizer Wanderwegnetzes verläuft auf solchen künstlichen Belägen. Das betrifft insbesondere Abschnitte im Siedlungsgebiet. Bei den einzelnen Touren ist angegeben, wie hoch der Anteil Naturbelag an der gesamten Strecke ungefähr ist.

Einkehr(en)

Wandern und Einkehr gehen miteinander einher, und zwar im doppelten Wortsinn. Das weltliche Einkehren führt auf Wanderungen in Gasthäuser, sei es für einen Startkaffee, ein Mittagessen oder ein geselliges Durstlöschen am Tagesziel. Für die einzelnen Touren werden deshalb Gaststätten angegeben, falls entsprechende Angebote verfügbar sind. Aufgrund der fortschreitenden Umbrüche in der Schweizer Gastronomie empfiehlt es sich, die Angaben jeweils vor Beginn einer Tour online zu überprüfen.

Die innere Einkehr hingegen bedarf keiner Restaurants. Im Vordergrund steht dabei vielmehr das Erleben von Natur und sakralen Stätten. Wer zu Fuss durch die Landschaft streift, Berge und Täler überblickt,

Waldluft und Wiesenduft einatmet und dem Zwitschern der Vögel lauscht, kommt zur Ruhe. Die besondere Atmosphäre in Wallfahrtsstätten trägt das ihrige dazu bei.

Orientierung unterwegs

Die einheitliche Signalisation der Wanderwege ist eine unschätzbare Stärke des Wanderlands Schweiz. Es empfiehlt sich jedoch, sich nicht allein auf die Wegweiser zu verlassen, sondern auf einer Wanderung auch Kartenmaterial mitzuführen. Am einfachsten geht das mittels Anwendungen für Smartphones.

In der kostenlosen Swisstopo-App sowie auf der Website map.geo. admin.ch können Wanderwege, Haltestellen der öffentlichen Verkehrsmittel, gesperrte Wege und weitere nützliche Informationen angezeigt werden. Auch eigene Wanderrouten lassen sich leicht erfassen, speichern, ausdrucken und exportieren. Die gleiche Funktion sowie weitere Möglichkeiten bietet auch die Website von SchweizMobil (map.wanderland.ch).

Unabhängig von der jeweiligen Anwendung lädt man Karten und Tourenverläufe idealerweise bereits zu Hause herunter, sodass unterwegs auch ohne Netzabdeckung darauf zugegriffen werden kann.

Die meisten Smartphones können dank GPS den aktuellen Standort anzeigen. So lässt sich unterwegs auf einfache Weise überprüfen, ob man auf dem richtigen Weg ist. Zu jeder Tour in diesem Wanderbuch steht eine kostenlose digitale Karte mit dem Routenverlauf bereit. Der Zugang erfolgt jeweils über den QR-Code neben der Tourenbeschreibung.

An- und Rückreise

Die Schweiz verfügt nicht nur über ein flächendeckendes Wanderwegnetz, sondern auch über ein dichtes Netz von öffentlichen Verkehrsmitteln. Diese erlauben es, Wanderausflüge flexibel und individuell zu gestalten. Während bei der Anfahrt mit dem Privatauto in der Regel nur Rundwanderungen möglich sind, lässt die Reise mit Bahn, Bus und Schiff attraktive Kombinationen zu. Bei den Touren im vorliegenden Buch ist als Ausgangs- und Zielpunkt jeweils die nächstliegende ÖV-Haltestelle angegeben.

>
Der Weg zur St. Georgs-
Kapelle in Berschis SG
führt am Wasserfall des
Berschnerbachs vorbei.

Auf einer Felsklippe
hoch über dem
Talboden steht
die Kapelle von
San Romerio GR.

Graubünden
und Ostschweiz

Mahnmale des Überlebens

Claustra Son Jon, Müstair

1

Einer der ältesten Wallfahrtsorte der Schweiz liegt im Val Müstair. Das Marienbild im Kloster St. Johann geht auf ein dramatisches Ereignis im 9. Jahrhundert
zurück: Nach der Sage überlebten Karl der Grosse und seine Frau nur knapp
einen Schneesturm. Zum Dank stifteten sie ein Kloster und eine Kapelle.

War es Leichtsinn, Pech oder am Ende gar die Rache der Feinde? Nachdem
er das Volk der Langobarden unterworfen hatte, geriet Karl der Grosse auf
dem Rückweg über den Umbrailpass in einen heftigen Schneesturm. Nur
mit Mühe und Not entrannen der Frankenkönig und sein Gefolge dem
Unwetter. Zum Dank gründete er am nördlichen Fuss des Passübergangs

das Kloster Son Jon (St. Johann); seine Frau stiftete unweit davon eine Kapelle. Im Laufe der Zeit entstanden rund um die beiden Bauwerke die Dörfer Müstair und Santa Maria.

Die Kapelle «Unsere Liebe Frau von Santa Maria» entwickelte sich alsbald zu einem Wallfahrtsort, der nicht nur von Pilgernden aus der Umgebung, sondern auch aus Tirol und aus dem Veltlin aufgesucht wurde. Daran änderte auch die Reformation nichts. Das Val Müstair trat zwar mehrheitlich zum protestantischen Glauben über, die Wallfahrtskirche wurde jedoch weiterhin auch von der katholischen Minderheit und ihrem Priester für ihre Messen genutzt.

Das friedliche Einvernehmen endete jäh, als die Habsburger 1620 grosse Teile Graubündens besetzten. Der reformierte Pfarrer von Santa Maria wurde erschossen, den Protestantinnen und Protestanten verbot man die Benutzung der Kirche. Diese wiederum revanchierten sich, indem sie sämtliche katholischen Kultgegenstände in den Talfluss Rom warfen. Ein Teil davon konnte weiter unten im Südtirol aus der Etsch gefischt werden. Das Gnadenbild war jedoch verloren und musste durch eine Neuanfertigung ersetzt werden.

Unter dem Druck des habsburgischen Gegenspielers Frankreich wurde schliesslich ein Vertrag ausgehandelt, der eine Nutzung der Kirche sowohl durch Protestanten als auch durch Katholiken gewährleistete. Die Vereinbarung sollte gelten, solange es in Santa Maria katholische Bürgerinnen

‹
Der Garten beim
Kloster Müstair ist
öffentlich zugänglich.

›
Rastplatz Chalchera
bei Valchava

Kloster Son Jon
in Müstair

und Bürger gebe. Der vermeintlich salomonische Passus zeitigte entsetzliche Nebenwirkungen: Schon bald versuchten reformierte Kreise, die Katholikinnen und Katholiken auszumerzen, indem sie deren Kinder ins Engadin entführten, wo sie protestantisch erzogen und konfirmiert wurden. Jene zahlten es ihnen mit gleicher Münze heim und verschleppten protestantische Kinder zwecks Umerziehung in den nahen Vinschgau.

1837 verstarb die letzte katholische Einwohnerin von Santa Maria; die Dorfkirche verlor dadurch ihren Status als Simultankirche. Alle fünf Dörfer im oberen Teil des Val Müstair galten nun als reformiert. Das Dorf Müstair hingegen blieb katholisch; es liegt nahe an der Grenze zu Südtirol, das damals Teil von Österreich-Ungarn war und heute zu Italien gehört. Am 24. Februar 1838 wurde das Marienbild von Santa Maria im Rahmen einer grossen Prozession mit mehreren Tausend Teilnehmenden in die Klosterkirche von Müstair überführt. Seither ist es in der südlichen Seitenkapelle untergebracht. An der gegenüberliegenden Wand bezeugen figürliche, bildliche und schriftliche Votivobjekte zahlreiche Heilwirkungen.

Innerhalb des Val Müstair gibt es aufgrund der konfessionellen Gegebenheiten schon seit bald 200 Jahren keine Wallfahrt mehr – die Pilgerinnen und Pilger reisen von jenseits des Ofenpasses oder aus Südtirol an. Der Besuch des Klosters Son Jon lässt sich natürlich dennoch mit einer schönen Wanderung verbinden. Einfach und mit wenig Anstrengung verbunden ist etwa die Route «A la riva dal Rom», die dem Talflüsschen Rom entlangführt. Das grösstenteils unverbaute Gewässer fliesst durch malerische Auenwälder, die allerdings oft die Aussicht einschränken.

Wer mehr vom Tal sehen will, unternimmt eine Talwanderung an etwas erhöhter Lage. Sie führt durch Tannen- und Lärchenwälder, quert Weideland und verläuft später dem Rom entlang. Am Ausgangspunkt Fuldera fallen verschiedene Wohnhäuser im traditionellen Engadiner Baustil auf, die mit Fassadenmalereien verziert sind. Zum Auftakt lohnt es sich, der Dorfkirche einen Besuch abzustatten. Als reformierte Kirche ist sie typischerweise schlicht gestaltet. Während des Ersten Weltkriegs war sie für kurze Zeit Wirkungsstätte des Schriftstellers William Wolfensberger, der sich neben seinem Amt als Pfarrer auch als Gemeindepräsident, Kassier und zeitweilig sogar als Dorflehrer engagierte.

Auf einem Kiessträsschen wandert man sanft absteigend talauswärts. Nach etwas mehr als einer halben Stunde gelangt man zu einem Biotop mit zwei kleinen Teichen und schwenkt bei der kurz danach folgenden Wegverzweigung auf ein Asphaltsträsschen ein, das an dem Dorfrand von Valchava führt. Am Waldrand steht ein restaurierter historischer Kalkbrennofen, der dem Gebiet seinen Namen gegeben hat: Chalchera. Dort liegt auch ein idyllischer Rastplatz mit Feuerstelle.

Von Santa Maria an verläuft die Wanderung dem Talfluss Rom entlang. Besonders hübsch ist der erste Abschnitt. Ein schmaler Pfad zieht sich dort durch schönen Auenwald. Rechts rauscht der unverbaute Fluss, links gurgeln kleine Seitenbäche. Später wandert man auf Kiessträsschen und beim Campingplatz Müstair auch eine Weile auf Asphalt. Die Wanderung endet beim Kloster Son Jon.

Die Abtei gilt als bedeutendster frühmittelalterlicher Kirchenbau der Schweiz. Gegründet wurde sie als Männerkonvent, seit dem 12. Jahrhundert wird sie von Benediktinerinnen bewohnt. Die Klosteranlage umfasst Bauwerke aus verschiedenen Epochen. Die ältesten Objekte sind die Klosterkirche und die benachbarte Heiligkreuzkapelle, beide stammen aus der Karolingerzeit. Einzigartig sind die teilweise über 1200 Jahre alten Wandmalereien in der Klosterkirche. Zum Bestand gehören unter anderem der grösste und besterhaltene Freskenzyklus aus dem Frühmittelalter sowie mehrere auffallend farbenfrohe spätromanische Malereien.

Marienbild im Kloster

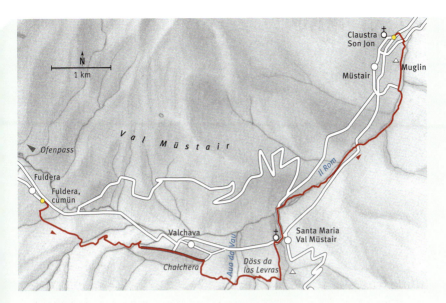

Die Route digital
für unterwegs.

Schwierigkeit
T2

Strecke
11,1 km

Höhendifferenz
190 m Aufstieg, 570 m Abstieg

Wanderzeit
3 Std.

Anteil Naturbelag
75 %

Ausgangspunkt
Fuldera, cumün (Bus)

Endpunkt
Müstair, Clostra Son Jon (Bus)

Einkehren
Diverse Gaststätten in Santa Maria und Müstair

Ideale Jahreszeit
Anfang Mai bis Ende Oktober

Route
In Fuldera (1636 m) beginnt die Wanderung auf dem Jakobsweg – allerdings in der «falschen» Richtung, also talauswärts und damit von Santiago de Compostela weg. Am Dorfrand von Valchava schwenkt man auf den Feldweg ein, der zum Rastplatz Chalchera (1433 m) am Waldrand führt. Über die beiden Wildbachtobel der Aua da Vau und der Aua da Mot geht es zum Döss da las Levras (Hasenrücken), wo sich eine schöne Aussicht nach Santa Maria und zum unteren Teil des Val Müstair öffnet. Ab Santa Maria bis Müstair (1237 m) wandert man auf dem Uferweg «A la riva dal Rom».

Pferdeweide zwischen
Fuldera und Valchava

San Romerio

Der Kirchturm am Abgrund

2

San Romerio, Brusio

Einer der malerischsten Orte im Valposchiavo (Puschlav) ist die Alp San Romerio mit ihrem romanischen Kirchlein, das an der äussersten Hangkante über einem Abgrund steht. Der einmalige Schauplatz ist auf einer ausgedehnten Wanderung erreichbar, die durch Bergwälder und über Maiensässe ins Grenzdorf Viano führt.

Über den Berninapass hinweg verbindet die Berninabahn das Engadin mit dem italienischen Städtchen Tirano. Die Strecke ist nicht gerade arm an landschaftlichen und bahntechnischen Reizen. Eindrücklich ist zunächst einmal das unerhört steile Trassee, das notabene ohne Zahnradantrieb bewältigt wird. Bemerkenswert ist sodann das Teilstück zwischen Cavaglia und Poschiavo, das dank einer Kaskade von Kurven einen fünfmal wechselnden Ausblick auf den Talboden mit dem Kirchturm von San Carlo bietet. Nicht zu vergessen ist das einzigartige Kreisviadukt bei Brusio. Als Wahrzeichen der Berninastrecke zieht das elegante Bauwerk nicht nur Eisenbahnenthusiastinnen und -enthusiasten, sondern auch Touristinnen und Touristen aus aller Welt in seinen Bann.

Etwas oberhalb davon gibt es eine weitere spektakuläre Attraktion, die allerdings manchem Auge verborgen bleibt. Wer beim Lago di Poschiavo aus dem Zugfenster schaut und den Blick hebt, sieht auf der anderen Seite des Sees hoch über einer steilen Klippe einen Kirchturm. In der schroffen Felslandschaft ragt das schlichte Bauwerk wie ein Mahnfinger in die Höhe.

Das Kirchlein ist uralt. Schon in einer Urkunde aus dem Jahr 1106 wird es erwähnt. Es liegt an einem Saumpfad, der das Veltlin via Berninapass mit dem Engadin verband und vermutlich schon in römischer Zeit begangen wurde. Heute verläuft der Verkehr auf Strasse und Schiene im Talboden, was den Höhenweg für eine Erkundung zu Fuss umso attraktiver macht.

Den Abstecher nach San Romerio muss man sich allerdings mit einem relativ langen Aufstieg erkämpfen. Gestartet wird in Poschiavo, dem Hauptort des Tals. Durch Wald und über Maiensässe geht es in einem weiten Bogen ins Val da Terman und danach ins Naturwaldreservat Bosch dal Bügliol. Dichter Fichten- und Lärchenwald schränkt die Aussicht während längerer Zeit ein. Beim Wandern ist man auf diesem Abschnitt zusehends auf den Weg fokussiert, geniesst den kühlen Schatten der Bäume und blickt erwartungsfroh dem Wendepunkt entgegen, wenn der Wald sich lichten und die Sicht freigeben wird.

Dieser Übergang könnte kaum dramatischer und eindrücklicher sein. Fast auf einen Schlag öffnet sich am Ende des Bergwalds ein grossartiges Panorama: Voraus liegt das Kirchlein von San Romerio, dahinter breiten sich das von hohen Bergen gesäumte Valposchiavo und das angrenzende Veltlin wie eine riesige Naturarena aus. Zwei Holzbänke direkt am Abgrund laden zur aussichtsreichen Rast. Im benachbarten Ristoro kann man sich während der Alpsaison mit Speisen und Getränken stärken. Dort ist auch der Schlüssel zur Kirche verfügbar.

Bei klarer Sicht erkennt man in der Tiefe, am Übergang des Valposchiavo zum Tal der Adda, einen weiteren Kirchturm, der eine auffallende Ähnlichkeit mit San Romerio aufweist. Er gehört zum romanischen Kirchlein Santa Perpetua, das oberhalb von Tirano und damit bereits in Italien liegt.

Die beiden Bauwerke, die in der Luftlinie knapp acht Kilometer voneinander entfernt stehen, gehören nicht nur architektonisch, sondern auch historisch und juristisch zusammen. Beide Gotteshäuser sind kirchenrechtlich der Wallfahrtskirche Madonna di Tirano angegliedert. San Romerio diente den Veltliner Geistlichen jahrhundertelang als Sommerfrische; die heute auf Schweizer Boden liegende Kirche ist nach wie vor im Grundbesitz der Stadt Tirano.

San Romerio war früher ebenfalls als Wallfahrtsort bekannt. Bis vor einigen Jahren gab es noch eine Prozession von Madonna di Tirano dort hinauf; die Pilgerinnen und Pilger hatten dabei zu Fuss einen Aufstieg von satten 1400 Höhenmetern zu bewältigen — und auf dem Rückweg einen nicht minder saftigen Abstieg.

Heute kann man sich die Tour etwas einfacher machen und braucht nicht bis Tirano abzusteigen, sondern kann den Ausflug in Viano abschliessen. Das kleine Bergdorf nahe der Grenze war bis in die 1970er-Jahre ein bedeutender Schauplatz für einen der damals wichtigsten Wirtschaftszweige im Valposchiavo: Von hier aus trugen Schmuggler hauptsächlich Zucker und Kaffee über die grüne Grenze nach Italien.

Alpe San Romerio
mit Kirche

Schwesterkirche von
San Romerio: Santa
Perpetua, oberhalb
von Tirano

Die Route digital
für unterwegs.

Schwierigkeit
T2

Strecke
16,1 km

Höhendifferenz
1170 m Aufstieg, 910 m Abstieg

Wanderzeit
6 ½ Std.

Anteil Naturbelag
80 %

Ausgangspunkt
Poschiavo (Bahn)

Endpunkt
Viano, Paese (Bus) (reservationspflichtiger
Rufbus)

Einkehren
Berggasthaus Alpe San Romerio

Ideale Jahreszeit
Mitte Mai bis Mitte November

Route
Von Poschiavo (1015 m) gelangt man zunächst
auf einem Strässchen, später auf Kieswegen in
sanftem Aufstieg über Cologna nach Saltaplana.
Über die Maiensässe Vendület und Barghi geht
es ins Val da Terman (1849 m) und durch das
Naturwaldreservat Bosch dal Bügliol nach San
Romerio (1792 m). Der Abstieg führt über Piaz
und Predasc nach Viano (1286 m). Am Ziel ist zu
beachten, dass die im Fahrplan vermerkten
Postautos nach dem Rufbussystem verkehren;
wer mitfahren will, muss sich spätestens eine
Stunde vor der geplanten Abfahrtszeit
telefonisch (0800 126 126) anmelden.

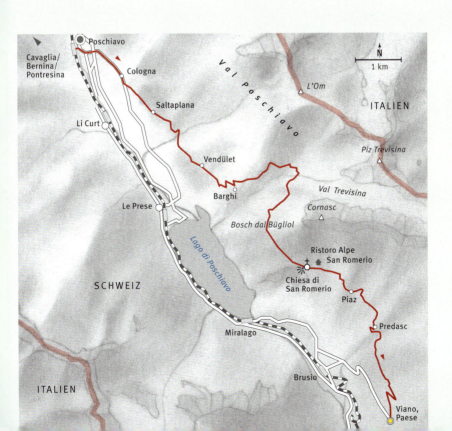

Vom Meisterwerk aus Holz zum Wunder des Lichts

3

Sogn Benedetg, Sumvitg, und Nossadunna dalla Glisch, Trun

Zwei Pilgerorte von ganz unterschiedlichem Charakter verknüpft diese Wanderung in der Surselva. Während die heutige Caplutta Sogn Benedetg in Sumvitg erst 1988 entstand und vor allem Architekturinteressierte anzieht, wird die traditionsreiche Wallfahrtskirche Nossadunna dalla Glisch in Trun schon seit Jahrhunderten von Gläubigen aufgesucht.

Mehr als ein Jahrtausend stand sie am Sonnenhang der Surselva über dem Dorf Sumvitg, dann kam eine Grosslawine und zerstörte sie. Die altehrwürdige Caplutta Sogn Benedetg — sie ist dem heiligen Benedikt geweiht —

war im Laufe der Zeit schon mehrmals von Schneemassen beschädigt worden, die sich hoch oben am Piz Avat lösten. 1984 schob eine besonders grosse Staublawine das Dach und einen grossen Teil der Seitenwände ins darunter liegende Val Mulinaun. Einzig die Grundmauern blieben stehen und zeugen seither von der Vergänglichkeit menschlichen Wirkens.

Noch heute lässt sich aus der Ruine ein ungewöhnliches architektonisches Merkmal ablesen: Die romanische Apsis weist einen Grundriss in Form eines Hufeisens auf. Ihr Ursprung wird deshalb auf das 10. Jahrhundert oder noch früher datiert. Der Kapelle war im Mittelalter laut Chronik zeitweilig ein Beginenkonvent — eine religiöse Laiengemeinschaft — angegliedert.

Als Ersatz für die zerstörte Kapelle konzipierte der Architekt Peter Zumthor, der auch die bekannte Therme in Vals entworfen hat, einen Neubau, der 1987/1988 knapp 200 Meter vom alten Standort entfernt und damit ausserhalb des Lawinenzugs errichtet wurde.

Die neue Caplutta Sogn Benedetg unterscheidet sich von ihrem Vorgängerbau fundamental. Ihre Aussenfassade besteht aus Holzschindeln, die mit den Jahren von der Bergsonne dunkel gegerbt worden sind. Das Dach ist eine simple Blechkonstruktion. Die Glocken hängen nicht in einem Turm, sondern an einem leiterartigen Träger aus Holz. Am auffälligsten ist der Grundriss der Kapelle. Seine ovale, tropfenartige Form verleiht dem Begriff des Kirchenschiffs auf wunderbar schlichte Weise Geltung. Von der formalen Reduktion sollte man sich aber nicht täuschen lassen: Die Gestaltung ist bis in kleinste Details wie den Opferstock oder das Weihwassergefäss durchdacht.

‹
Die neue Caplutta
Sogn Benedetg von
Peter Zumthor

›
Innenansicht
der Caplutta
Sogn Benedetg

Sogn Benedetg — so heisst auch der Weiler, in dem die Kapellenruine und Zumthors Juwel liegen — erreicht man zu Fuss auf einfachen Naturwegen, die beim Bahnhof Sumvitg-Cumpadials ihren Anfang nehmen. Zunächst geht es ins Dorf hinauf und zur Pfarrkirche St. Johannes Baptist, deren Glockenturm gebieterisch in den Himmel ragt. Danach wandert man über Wiesen und Weiden steil aufwärts. Schon bald öffnet sich west- und ostseits eine weite Sicht in die Surselva.

Während man auf einem Strässchen das Val Mulinaun durchquert, erblickt man auf der gegenüberliegenden Seite des Wildbachs die Mauerreste der ursprünglichen Caplutta Sogn Benedetg. Die Anlage wurde durch konservatorische Massnahmen vor weiterem Zerfall gesichert und ist frei zugänglich. Beachtenswert sind die Reproduktionen von zwei Wandmalereien aus dem 15. Jahrhundert. Die eine zeigt das Jüngste Gericht mit Jesus, Maria und dem geköpften Johannes, die andere ist eine geradezu schwelgerisch überzeichnete Darstellung der Hölle. Die originalen Freskenfragmente wurden nach dem verheerenden Lawinenniedergang von den Mauern gelöst und ins Kloster Disentis verbracht, das Eigentümer der Kapelle ist.

Bei der neuen Kapelle hat man den höchsten Punkt der Tour erreicht. Von jetzt an geht es, abgesehen von einem kurzen Gegenanstieg bei Bardigliun, abwärts oder ebenen Wegs voran. Man ist nun auf der SchweizMobil-Route Nr. 85, der Senda Sursilvana, unterwegs. Sie verläuft an erhöhter Lage und bietet entsprechend schöne Ausblicke auf den Talboden des Vorderrheins. Meist auf einfachen Pfaden, zeitweise sogar weglos bummelt man über Wiesen und Weiden und durchquert dazwischen auch Waldgebiet.

Oberhalb von Caltgadira verlässt man die Senda Sursilvana und steigt zum Weiler ab, der sich um die Wallfahrtskirche Nossadunna dalla Glisch (auf Deutsch: Maria Licht) gruppiert. Aufgrund des prominenten Standorts am Rand einer Höhenterrasse wird vermutet, dass sich an dieser Stelle bereits in vorgeschichtlicher Zeit eine Kultstätte befand.

Im Mittelalter stand dort ein erstes Kirchlein, das dem heiligen Sebastian geweiht war. Weil dieses baufällig geworden war, beschloss man, es durch einen Neubau zu ersetzen und diesen der Heimsuchung Marias (dem Besuch der schwangeren Maria bei ihrer Verwandten Elisabeth) zu weihen. In der Nacht nach der Grundsteinlegung im Frühling 1663 soll der ganze Hügel von hellem Licht erleuchtet worden sein, was als göttliches Zeichen gedeutet wurde. Deshalb änderte man den Widmungsplan und weihte die Kirche nun der «Heiligen Jungfrau vom Höhenlicht». Schon kurz nach seiner Fertigstellung entwickelte sich das Gotteshaus zu einem viel besuchten Wallfahrtsort. «Maria Licht» birgt heute den grössten Bestand an Votivtafeln in Graubünden.

Auf einem Kreuzweg, der Trun mit der Wallfahrtskirche verbindet, steigt man ins Dorf ab. Der Ort ist für die Bündner Geschichte von besonderer Bedeutung: Im Jahre 1424 wurde dort der Graue Bund gegründet, einer der Teile des alten Freistaats der Drei Bünde, der dem modernen Graubünden voranging.

‹
Caplutta da
Sogn Michel
(St.-Michaels-
Kapelle) bei
Campieschas

›
Wallfahrtskirche
Nossadunna dalla
Glisch in Trun

Die Route digital
für unterwegs.

Schwierigkeit
T2

Strecke
8,7 km

Höhendifferenz
420 m Aufstieg, 550 m Abstieg

Wanderzeit
3 Std.

Anteil Naturbelag
70 %

Ausgangspunkt
Sumvitg-Cumpadials (Bahn)

Endpunkt
Trun (Bahn)

Einkehren
Verschiedene Gaststätten in Trun

Ideale Jahreszeit
Anfang Mai bis Ende November

Route
Nach dem sanften Aufstieg vom Bahnhof Sumvitg-Cumpadials (982 m) ins Dorf Sumvitg geht es deutlich steiler aufwärts. Um nach Plaun da Crusch zu gelangen, stehen zwei Möglichkeiten zur Verfügung: Über Clavadi geht es teilweise der Strasse entlang; schöner ist die östliche Variante via Planatsch. Von Sogn Benedetg an (1276 m) wandert man auf der Senda Sursilvana mehrheitlich ebenen Wegs oder leicht absteigend weiter. Oberhalb der Caplutta da Sogn Michel (St.-Michaels-Kapelle) von Campieschas geht es ins Val Rabius. Ein kurzer Aufstieg führt von Bardigliun in den Wald, danach geht es auf der Via Munt nach Caltgadira (988 m) und auf dem Kreuzweg nach Trun (855 m) hinunter.

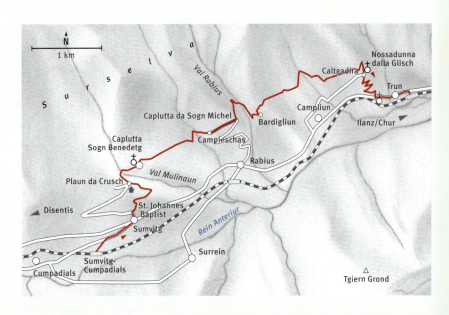

Am Ausgangspunkt:
Die Holzkirche von
Obermutten

Europas höchstes Pilgerhospiz

Wallfahrtskirche Ziteil, Salouf

Seit über 400 Jahren pilgern Menschen von nah und fern nach Ziteil. Der abgelegene Ort im Oberhalbstein ist ein bedeutendes Wallfahrtsziel. Erreichen lässt es sich auf einer zwar langen, aber sehr attraktiven Wanderung.

Hier steht der Pfarrer nicht nur am Altar, sondern auch am Herd. «An einem solchen Ort ist es gut, wenn jemand eine Schürze anziehen und anpacken kann», sagt Paul Schlienger. Tatsächlich ist Ziteil ziemlich abgelegen. Weit oberhalb von Savognin, auf rund 2430 Metern über Meer, liegt dort die höchste Wallfahrtsstätte der Schweiz. Seit vielen Jahren zelebriert Schlienger jeden Sonntag von Ende Juni bis Ende September in der Wall-

fahrtskirche die Messe. Doch das ist nicht seine einzige Aufgabe. Auf Ziteil übt er seit 23 Jahren das Amt eines Kustos aus; das lateinische Wort bedeutet Wächter. In dieser Funktion ist er nicht nur für die kirchlichen Angelegenheiten von Ziteil zuständig, sondern kümmert sich auch um den Betrieb des angegliederten Pilgerhospizes.

Dabei kommt ihm zugute, dass er im Laufe seines Lebens verschiedenen praktischen Tätigkeiten nachgegangen ist. «Ich bin ein Spätberufener», erklärt der Kustos. Als junger Mann arbeitete er zunächst als Koch, ehe er mit 29 Jahren Theologie zu studieren begann. Heute sorgt er sowohl für das seelische als auch für das leibliche Wohl der Wallfahrenden: Auf der Speisekarte der Pilgerstube stehen neben der obligaten Bündner Gerstensuppe auch Klassiker wie Kalbsrahmschnitzel oder Steinpilzrisotto.

Dem Seelsorger gehen regelmässig Verwandte, Freunde und Bekannte zur Hand. Auch für den Unterhalt der Kirche und der anliegenden Gebäude engagiert er sich. Während des Studiums finanzierte er seinen Lebensunterhalt, indem er Innenrestaurationen ausführte. Als Schlienger seine Arbeit auf Ziteil aufnahm, fielen ihm die im Laufe der Zeit dunkel gewordenen Innenwände der Kirche auf. In der Folge laugte er sie ab und überzog sie mit einem frischen weissen Anstrich. Drei Sommer lang war er damit beschäftigt. Wer heute durch die Eingangstür schreitet, betritt einen hellen und freundlichen Raum.

Das rückwärtige Fenster des grosszügig dimensionierten Kirchenschiffs bietet eine grossartige Aussicht. An einer stilisierten Figur des gekreuzigten Jesus vorbei blickt man wie aus einer Theaterloge in die Bergwelt des Oberhalbsteins, die vom Piz Mitgel und Piz Ela gekrönt wird.

Er habe Freude an Traditionen und Altbewährtem, sagt Paul Schlienger. Aus diesem Grund setzte er sich dafür ein, dass die grossflächigen und farbenfrohen Votivtafeln in der Kirche fachgerecht restauriert wurden. Finanziert werden solche Arbeiten durch Pilgerspenden. Das Anwesen selbst gehört einer Stiftung und untersteht direkt dem Bistum Chur.

Ihren Anfang hat die Wallfahrt nach Ziteil bereits vor Jahrhunderten genommen. In der einsamen Gegend sollen zwei Jugendliche im Jahre 1580 mehrmals einer Frauengestalt begegnet sein, die sie aufforderte, die Bevölkerung zu Busse und Frömmigkeit aufzurufen. Nach anfänglichem Misstrauen gelangten die Behörden zur Überzeugung, es habe sich um Marienerscheinungen gehandelt, und liessen auf der Alp eine Kapelle errichten. Schon bald unternahmen Leute aus der Gegend erste Prozessionen dorthin. Innert weniger Jahrzehnte wurde Ziteil zu einem bedeutenden Wallfahrtsziel. Dazu trug die wundersame Befreiung des nahen Dorfs Salouf von einem «bösen Fieber» im Jahre 1666 bei; diese führte man auf Busse und Gebet in der Bergkapelle zurück.

Im Laufe der Zeit wurde die einst winzige Kapelle schrittweise zu einer stattlichen Kirche mit angegliedertem Pilgerhaus ausgebaut. Trotz der abgeschiedenen, klimatisch herausfordernden Lage zog der Ort immer mehr Pilgernde an. Diese kamen nicht nur aus der näheren Umgebung, sondern auch aus anderen Regionen, bis aus Vorarlberg und Frankreich.

‹
Aussichtsreicher
Höhenrücken Feil

›
Wallfahrtskirche Ziteil

In den Nachtlagern über dem Kirchenraum finden heute bis zu 150 Personen einen Schlafplatz, in der anliegenden Pilgerstube können sie sich stärken. Mit diesem Angebot gilt Ziteil als höchstes Pilgerhospiz Europas und als höchstes Wallfahrtsziel der Schweiz (noch höher liegen die Kapellen auf dem Mont Thabor in Frankreich und auf dem Rocciamelone in Italien).

Um die Sonntagsmesse auf Ziteil zu besuchen, muss man früh aufstehen (oder gleich vor Ort übernachten), beginnt sie doch um acht Uhr morgens. Der kürzeste Weg führt vom Alpweiler Munter auf einem (mit Fahrverbot belegten) Kiessträsschen in anderthalb Stunden zur Wallfahrtskirche. Der Ausgangspunkt lässt sich mit dem Privatauto erreichen. Auch ein Wanderbus der örtlichen Tourismusorganisation fährt hinauf, allerdings nur einmal wöchentlich und nur auf Reservation hin.

Die schönste und passendste Art, um nach Ziteil zu gelangen, ist eine dreieinhalbstündige Bergwanderung ab der nächstgelegenen Haltestelle des öffentlichen Verkehrs. Ausgangspunkt ist die Walsersiedlung Obermutten. Das Dörfchen zählt heute nur noch vier ganzjährig dort lebende Einwohner. Neben etlichen Ferienhäusern gibt es ein Hotel mit Restaurant und einen Selbstbedienungsladen, in dem man sich mit Wanderproviant wie Käse, Salsiz und Süssigkeiten eindecken kann. Eine einmalige Sehenswürdigkeit ist die kleine Kirche am Dorfrand. Als einziger Sakralbau der Schweiz ist sie komplett aus Holz gebaut. Das Dach ist mit Schindeln gedeckt, und selbst die Orgelpfeifen sind hölzern.

Auf einem Alpsträsschen gelangt man auf die Muttneralp. Von dort geht es leicht ansteigend über Alpweiden ins Gebiet «Auf den Böden». Nachdem man ein einsames Hüttchen passiert hat, verliert sich der Weg zwischen kleinen Grashügeln. Auch die weiss-rot-weissen Wegmarkierungen sind hier dünn gesät. Zuweilen weglos, dann wieder auf schmalen Pfaden geht es dem Hang entlang weiter sanft aufwärts, bis man den Zaun erreicht, der die Muttneralp von der Alp da Stierva trennt. Die Gemeindegrenze ist zugleich eine sprachliche und konfessionelle Scheidelinie, denn nun betritt man romanischsprachiges und katholisches Gebiet.

Nach einem Zwischenabstieg in einen weiten, grasbedeckten Sattel steigt man auf den breiten Höhenrücken Feil, wo man dem Himmel immer näher zu kommen scheint. Schon bald ist das Holzkreuz zu sehen, das den 2501 Meter hoch gelegenen Kulminationspunkt der Wanderung markiert. Die Anhöhe ist zwar namenlos, bietet aber ein Panorama, das manch bekanntem Gipfel mit klingendem Namen ebenbürtig ist. Die Rundsicht reicht vom Piz Beverin im Westen über den Ringelspitz, die

Schesaplana, das Parpaner und das Aroser Rothorn bis zu den Gipfeln vom Oberhalbstein und Engadin. Weit unten in der Tiefe kann man das Albulatal und dahinter das Landwassertal ausmachen.

Bei den markanten Bergrücken im Süden handelt es sich um den Piz Toissa und den Piz Curvér. In den Einschnitt dazwischen senkt sich nun der Weg. Nach einer Weile kann man in der Ferne auf einem kleinen Felskamm ein weiteres Holzkreuz sehen, auf das man sich langsam zubewegt. Wenn man es erreicht, erkennt man die Wallfahrtskirche Ziteil, die man nach wenigen Minuten erreicht.

Der Abstieg ins Tal verläuft zunächst auf Alpweiden und nach dem Überschreiten der Baumgrenze durch lockeren Bergwald, der immer wieder die Sicht zum Piz Mitgel freigibt. Am Bildstock von Cruschetta vorüber, dem Schauplatz der ersten Marienerscheinung von 1580, geht es hinunter nach Salouf.

Blick aus der Wallfahrtskirche Ziteil nach Osten

Paul Schlienger, Pfarrer und Koch

Die Route digital
für unterwegs.

Schwierigkeit
T3

Strecke
15,6 km

Höhendifferenz
830 m Aufstieg, 1430 m Abstieg

Wanderzeit
5 ½ Std.

Anteil Naturbelag
100 %

Ausgangspunkt
Obermutten, Dorf (Bus) (reservationspflichtig)

Endpunkt
Salouf, vischnanca (Bus)

Einkehren
Pilgerhospiz Ziteil (ab Ende Juni bis Ende
September an Wochenenden)

Ideale Jahreszeit
Mitte Juni bis Ende Oktober

Route
Die Postautos ab Thusis verkehren regulär bis
Mutten. Wer nach Obermutten (1863 m), dem
Ausgangspunkt dieser Wanderung, weiterfahren
will, muss den Bus mindestens eine Stunde vorher
reservieren (siehe sbb.ch). Über die Muttneralp
(2127 m) und den Höhenrücken Feil (2501 m) geht
es zur Wallfahrtskirche Ziteil (2427 m). Lang, aber
sehr aussichtsreich ist der Abstieg via Cruschetta
(1690 m) nach Salouf (1257 m).

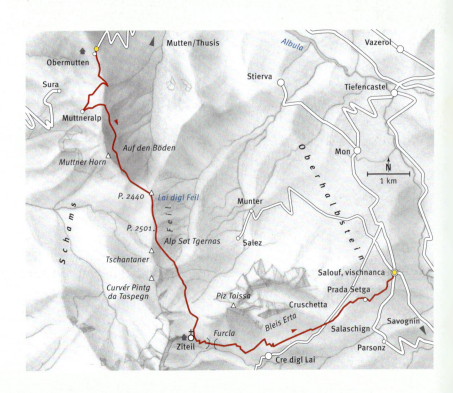

Etwas ausserhalb von Berschis, über dem Talboden der Seez, steht die St. Georgs-Kapelle.

Ein verborgener Wasserfall und ein gemauertes Heilmittel

St. Georgen, Berschis

Kurz, aber reich an Überraschungen ist die Wanderung von Walenstadt nach Berschis. Am Weg liegen ein grossartiger Wasserfall und die Kapelle St. Georg. Im Volksmund wird ihrem Altar eine heilkräftige Wirkung nachgesagt.

Wer mit dem Zug von Zürich in Richtung Sargans fährt, entdeckt kurz nach dem Walensee am Fuss der Churfirsten einen bewaldeten Felsrücken, auf dessen kahler Kuppe eine kleine Kirche steht. Es handelt sich um die Wallfahrtskapelle St. Georg. Sie wurde vermutlich bereits im ersten Jahrtausend errichtet und gilt als eine der ältesten zweischiffigen Sakralbauten der Schweiz.

41

Die aussichtsreiche Hügelspitze, auf der die Kapelle steht, ist nach ihr benannt und heisst Georgenberg. Vor 2000 Jahren befand sich dort ein römisches Kastell. Wie die anderen Gebiete der heutigen Schweiz stand die Walenseeregion damals unter der Herrschaft Roms. Bis in die heutigen Tage finden sich in der Gegend Spuren aus jener Zeit.

Der Georgenberg liegt an einem Wanderweg, der Walenstadt mit Sargans verbindet. Der östliche Teil zwischen Berschis und Sargans verläuft mehrheitlich im Wald und weist zudem längere Teilstücke mit Hartbelag auf. Es empfiehlt sich deshalb, die Tour um diesen Teil zu kürzen und dafür den westlichen Abschnitt um eine kurze Zusatzrunde zum Wasserfall des Berschnerbachs zu ergänzen.

Das Städtchen Walenstadt ist Ausgangspunkt der Wanderung zum Georgenberg. Der Bahnhofstrasse entlang gelangt man ins Stadtzentrum. Von dort geht es am Fuss eines Weinbergs nach Tscherlach und in leichtem Auf und Ab, teilweise im Wald, teilweise über Wiesenland, weiter nach Brüsis. Ein altes, von Trockensteinmauern gesäumtes Flursträsschen führt nach Berschis. Der eigenartige Ortsname wird auf ein rätoromanisches Wort zurückgeführt und soll «beim Bergwacholderstrauch» bedeuten.

Am Dorfeingang gelangt man ins schmale Tal des Berschnerbachs. Dieses Teilstück der Wanderung verläuft ausserhalb des offiziellen, gelb gekennzeichneten Wanderwegnetzes, ist aber dennoch signalisiert, näm-

❮

Lourdesgrotte unter-
halb der Kapelle

❯

Weinberg bei
Tscherlach mit
Churfirsten

lich mit braunen Kulturweg-Tafeln. Die Schilder führen einen immer tiefer in eine von hohen Felswänden umgebene Schlucht. Nach einer kurzen Aufstiegspassage öffnet sich die Sicht zu einem prachtvollen Wasserfall. Mit grosser Geste schiesst der Bach über eine Felswand mehr als vierzig Meter in die Tiefe. Das Wasser donnert auf Felsblöcke, wo es in feine Schwaden zerstiebt. Diese ziehen sich bis zum Brücklein hinunter, das sich über den Wasserlauf spannt, und bringen damit erhitzten Wandergesichtern an heissen Tagen eine kühlende Wohltat.

Auf der gegenüberliegenden Seite des Bachs wird der Weg sehr steil. Über teilweise hohe Treppenstufen gewinnt man zügig an Höhe. Der Pfad mündet schliesslich in ein Strässchen, dem man talwärts folgt. Nach knapp einem Kilometer erreicht man eine Informationstafel, bei welcher der Wanderweg von der Strasse links abzweigt und im Wald sanft aufwärtsführt. Die Tafel berichtet über spätrömische und frühmittelalterliche Gräber, die hier gefunden wurden, und ist eine der Stationen des Kulturwegs St. Georgenberg.

Im Zentrum des Lehrpfads steht die Kapelle weiter oben auf dem Felsrücken. Sie ist dem heiligen Georg geweiht, um den sich zahlreiche Legenden ranken. Die bekannteste schildert, wie er im Namen des Kreuzes eine libysche Stadt von einem fürchterlichen Drachen befreite. Die Kapelle ist in der Regel geschlossen; wer sie besichtigen will, muss vorgängig den

Schlüssel bei einer der Personen abholen, die unter www.sesowa.ch/berschis-tscherlach/kirchen-kapellen als Schlüsselwärterinnen und Schlüsselwärter aufgeführt sind.

Das Kirchlein ist ein architektonisches Sammelsurium, das sich aus Elementen von der Frühromanik bis zur Spätgotik zusammensetzt. Das niedrige Gewölbe umfasst einen schlichten Raum, dessen weisse Wände teilweise mit Malereien aus dem 16. Jahrhundert versehen sind.

An der Rückseite des Altars verbirgt sich eine Kuriosität: Etwa dreissig Zentimeter über dem Boden weist die Mauer eine grosse Höhlung auf, die als Kopfwehloch bezeichnet wird. Nach dem Volksglauben sollen Kopfschmerzen gelindert werden, wenn man vor der Öffnung auf den Boden kniet, den Kopf ins Loch steckt und gegebenenfalls auch noch summt.

Der Abstieg zurück ins Dorf führt an einer Lourdesgrotte vorbei, vor der auf einer Wiese zahlreiche Kirchenbänke angeordnet sind. Die Freilichtkapelle mit der künstlich ausgebrochenen Höhle wurde Anfang der 1920er-Jahre angelegt, zum Dank dafür, dass das Dorf von einer damals weitherum wütenden Viehseuche verschont geblieben war.

Nicht weit davon entfernt liegt der «Ughüür Brune», ein mit Wasser gefülltes Loch am Fuss einer Felswand (der Zugang ist mit einem Wegweiser signalisiert). Früher glaubte man, die Höhle habe keinen Grund. Messungen ergaben, dass sie zwar eine stattliche, aber letztlich eben doch begrenzte Tiefe von etwa 4,5 Metern aufweist. Es wird vermutet, dass sie aus der Römerzeit stammt und als Frischwasserspeicher diente.

Ughüür Brune

Kopfwehloch hinter dem Altar

Die Route digital
für unterwegs.

Schwierigkeit
T1

Strecke
8,3 km

Höhendifferenz
420 m Aufstieg, 400 m Abstieg

Wanderzeit
2 ¾ Std.

Anteil Naturbelag
55 %

Ausgangspunkt
Walenstadt (Bahn)

Endpunkt
Berschis, Unterdorf (Bus)

Einkehren
Landgasthof Linde, Berschis

Ideale Jahreszeit
Anfang April bis Mitte Dezember

Route
Von Walenstadt (425 m) geht es via Tscherlach und Brüsis nach Berschis (445 m). Noch bevor man ins Dorf gelangt, geht der Kiesbelag in Asphalt über. Die Strasse führt dem Berschnerbach entlang und wechselt dann auf dessen Westseite. Statt auf dem Wanderweg ins Dorfzentrum zu marschieren, folgt man dem parallel zum Wasserlauf angelegten Strässchen noch einige Dutzend Schritte weiter, um dann den Bach erneut zu überqueren. Braune Schilder signalisieren den Zugang in die Schlucht des Berschnerbachs. Beim Wasserfall geht es im Wald steil aufwärts, bis man die Strasse erreicht, die zum Georgenberg (589 m) und anschliessend wieder hinunter ins Dorfzentrum von Berschis führt.

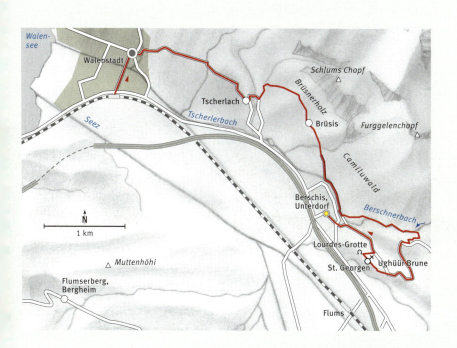

Die frühere Klause
im Bruedertöbeli

Die Schlucht der trägen Brüder

6 Bruedertöbeli, Bütschwil-Ganterschwil

Die Thur ist zwar ein Kind der Berge. Doch vom unteren Toggenburg an zieht sie durch weite, offene Landschaft. Allerdings gibt es auch dort wilde Ecken. Eine davon ist das Bruedertöbeli. In der Waldschlucht lebte früher eine kleine Gemeinschaft von Glaubensbrüdern.

Je nach Sichtweise verfügt Lütisburg über einen Bahnanschluss – oder auch nicht. Die Station liegt nämlich fast zwei Kilometer vom Dorfkern entfernt. Als Ausgangspunkt für die Wanderung zur ehemaligen Einsiedelei im Bruedertöbeli eignet sie sich aber bestens. Der Kiesweg auf der anderen Seite der Geleise führt rasch ins Grüne.

Auf der Anhöhe Kapf sieht man den spitzen Turm der katholischen Kirche von Bütschwil, der sich vor dem markanten Gipfel des Speers abzeichnet. Schon bald kommt man an der Kirche vorbei. Es lohnt sich, einen Blick ins helle, ungemein voluminöse Innere zu werfen. Wenig später erreicht man die Thur. Der Fluss wird auf einer Metallkonstruktion überquert, die «Drahtsteg» genannt wird. Sie stammt aus den frühen 1960er-Jahren und gerät beim Begehen kräftig ins Schwingen. Am anderen Ufer steigt man zur Strasse hoch und durchquert auf deren gegenüberliegender Seite ein Eisengitter, das als Weidezaundurchgang dient. Die Inschrift «Bruedertöbeli» bestätigt, dass man auf dem richtigen Weg ist.

Am Fuss des bewaldeten Abhangs, mitten in der Weide, steht die winzige Kapelle Maria Magdalena. Sie wurde Ende des 20. Jahrhunderts vom Eigentümer des Anwesens in privater Initiative auf den Grundmauern eines Vorgängerbaus errichtet. Laut einer Wandinschrift befindet sich unter dem Boden, abgetrennt durch ein Metallgitter, der alte Pilgerhauskeller. Die Stätte ist etwas bizarr. Ein Bewegungsmelder schaltet im Gebäudeinneren nicht nur einen Kronleuchter ein, sondern setzt auch die Wiedergabe kirchlicher Gesänge in Gang. In einem Kühlschrank an der Aussenwand stehen Bier und Limonade bereit.

Ein zusehends steiler werdender schmaler Weg führt in die Waldschlucht des Bruedertöbelis. Holzstufen im Trassee brechen das Gefälle und machen den Pfad zur Naturtreppe. Eine ungewöhnliche geologische

‹
Die frühere Klause
im Bruedertöbeli

›
Kapelle am unteren
Ende des Bruedertöbelis

Formation unterbricht den Aufstieg: Hinter einem Wasserfall öffnet sich ein langgezogener Einschnitt im Gestein. Entstanden ist der Gubel, wie solche Gebilde genannt werden, durch eine ungleiche Erosion: Sein unterer Teil besteht aus Sandstein, der vom Wasser im Laufe der Zeit ausgewaschen wurde, während die darüber liegende Nagelfluhschicht bestehen blieb und den Hohlraum mit einem kompakten Gewölbe beschirmt.

Schon im Mittelalter bestand an dieser Stätte eine Klause. Urkundlich erwähnt wird sie erstmals 1369. Damals sollen dort drei Laienbrüder und ein Priester gelebt haben. Im 15./16. Jahrhundert wurde die Einsiedelei nur noch von einzelnen Klausnern bewohnt. Meistens arme Leute seien das gewesen, heisst es auf einer Tafel am Zugangsweg. Im 18. Jahrhundert trafen sich dort immerhin jeweils am 22. Juli die Katholikinnen und Katholiken der Gegend zum Kirchenfesttag.

1851/52 unternahmen vier Männer den Versuch, im Bruedertöbeli erneut eine Einsiedelei zu gründen. Das Unterfangen stiess indessen auf Widerstand — es war die Zeit des Kulturkampfs. Im gemischtkonfessionellen Kanton St. Gallen war man darauf bedacht, Konflikte aufgrund von Gewichtsverschiebungen zu vermeiden. In einem Buch über die Geschichte der Standortgemeinde Ganterschwil heisst es, dass die Einsiedelei, die ohnehin nicht immer besetzt gewesen sei, 1865 aufgelöst wurde. Angeblich hätten die beiden letzten Einsiedler «mehr Zeit mit Betteln oder Faulenzen verbracht als mit Beten».

Ein Bauer aus der Gegend baute die Höhle ab 1986 schrittweise aus und richtete darin eine kleine Waldschenke samt WC-Anlage und Warenlift ein — allerdings ohne Bewilligung. Aus Sicherheitsgründen verfügten die Behörden 1996 die Räumung der Anlage. Vom Inventar sind noch einige Möbel übrig geblieben, die eine Rast an dieser eigenartigen Stätte erlauben, nämlich mehrere Sitzbänke und zwei grosse Holztische. Einer davon trägt eine etwas kuriose Gravur: Ins Tischblatt sind die Ranglisten von Jassmeisterschaften aus den 1980er-Jahren eingeschnitzt.

Auf der anderen Seite der Höhle geht es weiter den Wald hoch, zunächst erneut auf einem Treppenweg, später auf einem Schottersträsschen. Vom Bauernhof am Ende des Aufstiegs gelangt man über Wiesenland zum Gehöft Ober Geissberg, wo sich ein schöner Ausblick ins Thurtal öffnet. Über Unter Geissberg steigt man ins Tal ab. Auf einem Felssporn oberhalb des Flüsschens steht die Ruine der mittelalterlichen Burg Rüdberg. Sie lag am einst einzigen fahrbaren Weg durch das Thurtal; dieser verband den Bodensee mit der Zürichseegegend. Für heutige Wanderinnen und Ausflügler steht zwischen den Mauerüberresten ein Picknickplatz mit Feuerstelle bereit.

Die Route digital
für unterwegs.

Schwierigkeit
T1

Strecke
11,1 km

Höhendifferenz
460 m Aufstieg, 450 m Abstieg

Wanderzeit
3½ Std.

Anteil Naturbelag
80 %

Ausgangspunkt
Lütisburg (Bahn)

Endpunkt
Dietfurt (Bahn)

Einkehren
Gaststätten in Bütschwil und Dietfurt

Ideale Jahreszeit
Anfang April bis Ende November

Route
Vom Bahnhof Lütisburg (600 m) gelangt man via Neuwies und Kapf nach Bütschwil und in einem grossen Bogen durch das Dorfzentrum zum Bahnhof und weiter an die Thur. Auf der anderen Seite geht es hinauf ins Bruedertöbeli. Der in Richtung Äwil und Mogelsberg signalisierte Wanderweg führt vorerst in die Schlucht, zweigt dann aber links ab in den bewaldeten Steilhang. Diese Abzweigung ignorierend, gelangt man zur einstigen Einsiedelei (697 m). Beim Bauernhof am oberen Ende des Einschnitts erreicht man wieder das offizielle Wanderwegnetz. Die Rückkehr ins Tal führt von Ober Geissberg (841 m) via Unter Geissberg zur Burgruine Rüdberg (631 m). Nach der neuerlichen Überquerung der Thur endet die Wanderung im Dörfchen Dietfurt (610 m).

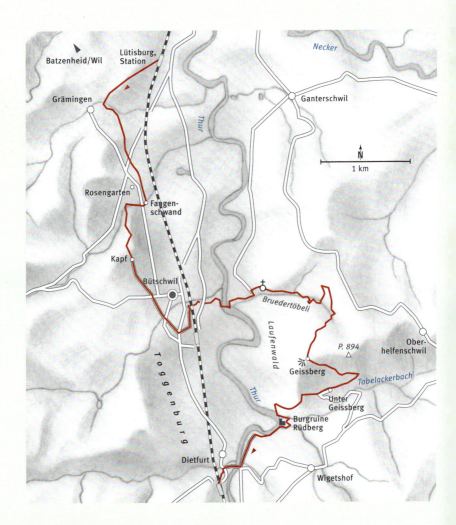

Kloster und Kapelle
St. Otmar

Am Bodensee der Welt entrückt

Klingenzell, Mammern,
und St. Otmar, Stein am Rhein

An aussichtsreicher Lage hoch über dem Bodensee steht die Wallfahrtskapelle
Klingenzell. Unweit davon gibt es mit dem Franziskanerkloster ein zweites Pil-
gerziel, dessen Standort noch reizvoller ist: Der Konvent liegt auf einer kleinen
Insel im See. Eine leichte Wanderung verbindet die beiden Stätten.

Es ist ein Bild, dem man im Kanton Thurgau oft begegnet: Lange Reihen
von Apfelbäumen säumen das Strässchen, das von Mammern hinauf Richtung Klingenzell führt. Nach einer Weile lässt man die Obstgärten hinter
sich, gelangt in den Wald und erreicht eine Wegverzweigung, wo es sich

zwischen zwei Möglichkeiten, zur Kapelle Klingenzell zu gelangen, zu entscheiden gilt. Die Variante über die Hochwacht führt ein wenig höher hinauf und bietet entsprechend mehr Aussicht. Spannender ist der direkte Weg durch den Wald. Er verläuft auf einem Kreuzweg, der unkonventionell eingerichtet ist.

Die Route ist nämlich nicht wie sonst üblich linear angelegt, sondern scheint bei der sechsten Station (Veronika mit dem Schweisstuch) zu beginnen. Der eigentliche Ausgangspunkt des Kreuzwegs liegt in dessen Mitte, wo die Kapelle Klingenzell ursprünglich stand und sich heute eine Lourdesgrotte befindet. Von da aus führt er zunächst auf der einen Seite des Waldwegs Richtung Osten, dann bei der erwähnten Station VI auf der gegenüberliegenden Seite des Wegs in der Gegenrichtung zurück und weiter zum heutigen Standort der Kapelle.

Die Pfarr- und Wallfahrtskirche Mariahilf in Klingenzell steht am Rand des Thurgauer Seerückens an schöner Aussichtslage mit Blick auf den Untersee und den Rhein. Nach der Legende wurde sie von Walter von Hohenklingen gestiftet, dessen Stammsitz das Schloss Hohenklingen oberhalb des nahen Städtchens Stein am Rhein war. Eines Tages soll der Schlossherr auf der Jagd einem mächtigen Eber begegnet sein, den er sogleich erlegen wollte. Er konnte das Tier aber lediglich verwunden, worauf es ihn zu verfolgen begann. In Todesangst kletterte der Jäger auf einen

Baum und gelobte für den Fall seiner Rettung, an dieser Stätte eine Kapelle errichten zu lassen, worauf der Eber tatsächlich von ihm abgelassen haben soll. Die um 1330 errichtete Kapelle entwickelte sich schon bald zu einem gut besuchten Wallfahrtsort.

Die Wanderung von Mammern nach Klingenzell ist recht kurz. Die Tour lässt sich gut ergänzen, indem man von der Kapelle nach Stein am Rhein weiterwandert. Erneut im Wald, später durch Wiesenland steigt man wieder zum Bodensee ab, durchquert das Siedlungsgebiet von Eschenz und gelangt zu einem Holzsteg, der über das seichte Ufergebiet hinweg zur winzigen Insel Werd führt. Diese war schon in der Steinzeit besiedelt. An diesem von der Welt entrückten Ort steht, von Bäumen, Rasenflächen mit Sitzbänken und Blumenbeeten umgeben, seit dem 8. Jahrhundert ein kleines Kloster.

Das Inselchen ist öffentlich zugänglich. Die Besucherinnen und Besucher werden einzig gebeten, keinen Lärm zu veranstalten. Wer den Steg beschreitet, kommt an einer Tafel vorbei, auf der es heisst: «Wenn du glaubst: Bete! Wenn du nicht glaubst: Bewundere!» Die vermeintlich gebieterische Formel zeugt von einer liberalen Grundhaltung: Die einmalige Stätte steht allen Menschen offen, ungeachtet ihrer Religiosität.

Die heute von Franziskanern geführte Abtei geht auf den heiligen Otmar zurück. Dieser hatte eine Eremitenzelle, die vom irischen Missionar Gallus gegründet worden war, zum Kloster St. Gallen entwickelt. Dar-

‹
Steg zur Insel Werd

›
Kapelle Klingenzell

auf wurde er als erster Abt des neuen Konvents eingesetzt und brachte diesen zur Blüte. Das rief Neider auf den Plan, die den erfolgreichen Mönch verleumdeten und ins Gefängnis werfen liessen. Im Rahmen eines Schauprozesses wurde er im Jahr 759 zum Hungertod verurteilt. Wochen später wurde das Todesurteil in lebenslange Verbannung umgewandelt. Der Klostergründer wurde auf die Insel Werd verbracht, wo er kurz nach seiner Ankunft an den Folgen der Hungerhaft verstarb.

Zunächst setzte man Otmar auf dem Inselchen bei. Zehn Jahre nach seinem Tod flog die Intrige gegen ihn auf. In der Folge wurde er rehabilitiert. Seine Gebeine verlegte man nach St. Gallen, seither ist die Grabstätte auf der Insel Werd leer. Otmar wurde im Jahr 864 heiliggesprochen. Etwa um diese Zeit errichtete man auf der Insel zu seinem Andenken eine Kapelle. Das leere Grab befindet sich direkt unter dem Altar. Der Kapelle ist ein kleines Kloster angegliedert, in dem fünf Franziskanermönche leben.

Je mehr man sich auf dem Uferweg dem Städtchen Stein am Rhein nähert, desto mehr verengt sich der Untersee zu einem stattlichen Fluss. Bevor man die kurze Tour am Bahnhof beendet, sollte man einen Abstecher über die Rheinbrücke hinweg in die Altstadt machen, die über ein ausserordentlich gut erhaltenes Ortsbild verfügt. Am Rand des mittelalterlichen Stadtkerns, direkt am Ufer des Rheins, liegt das ehemalige Benediktinerkloster St. Georgen. Der Gebäudekomplex gilt als eine der schönsten und besterhaltenen mittelalterlichen Klosteranlagen der Schweiz. Zur Reformationszeit hatte die damalige Schutzherrschaft Zürich die Schliessung der Abtei verfügt. Die Gebäude dienten in der Folge bis Anfang des 19. Jahrhunderts als Zürcher Amtssitz, verfielen danach zusehends, konnten aber schliesslich vor dem Abbruch gerettet und renoviert werden.

‹

Blick von Stein am Rhein zur Insel Werd

Die Route digital
für unterwegs.

Kapelle St. Otmar

Schwierigkeit
T1

Strecke
7,5 km

Höhendifferenz
200 m Auf- und Abstieg

Wanderzeit
2 Std.

Anteil Naturbelag
75 %

Ausgangspunkt
Mammern (Bahn/Schiff)

Endpunkt
Stein am Rhein (Bahn/Schiff)

Einkehren
Restaurant Klingenzellerhof

Ideale Jahreszeit
Ganzjährig begehbar

Route
Der Wanderweg von Mammern (412 m) Richtung
Klingenzell verläuft zuerst auf einem Strässchen
und geht dann in einen Waldweg über, der als
Kreuzweg zu einer kleinen Lourdesgrotte und
weiter zur Kapelle Klingenzell (564 m) führt. Nach
dem Abstieg zurück an den Bodensee umgeht man
das Dorf Eschenz und gelangt zu einem Holzsteg
am Ufer, der zur Klosterinsel Werd (398 m) führt.
Auf dem Uferweg erreicht man schliesslich Stein
am Rhein (413 m).

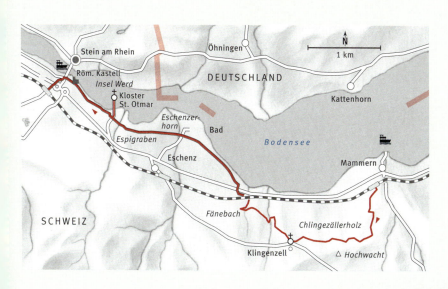

Blick zur Gantrisch-
Stockhorn-Kette
auf dem Weg von
Rüeggisberg BE
nach Riggisberg

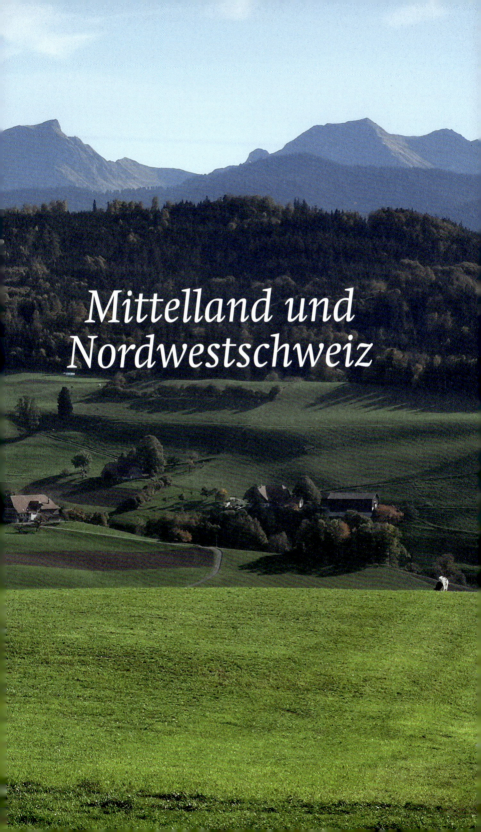

Mittelland und Nordwestschweiz

Wallfahrt über den Pfannenstiel

Antoniuskirche, Egg

Ein kühles Waldtobel, eine sonnig gelegene Alp, eine Aussichtsplattform hoch über den Baumwipfeln und eine aus Holz gebaute Wallfahrtskirche: Die Wanderung von Küsnacht am Zürichsee über den Hügelzug des Pfannenstiels nach Egg bietet ganz unterschiedliche Attraktionen.

Zürich ist für Wallfahrerinnen und Wallfahrer ein hartes Pflaster. Im Mittelalter gab es dort zwar verschiedene Pilgerziele wie das Marienbild im Benediktinerkloster Rheinau oder die beiden Gnadenbilder der Prämonstratenserabtei Rüti. Im Zuge der Reformation verloren diese ihre Bedeutung jedoch schlagartig. Erst im 20. Jahrhundert entstanden im traditionell protestantischen Kanton zwei neue Wallfahrtsorte. Der eine ist die Nachbildung einer Lourdesgrotte, die in einer Seitenkapelle der Kirche Maria Lourdes in Seebach untergebracht ist; die Kirche wurde Mitte der 1930er-Jahre im Zürcher Stadtquartier als schlichter Kubus aus Eisenbeton gebaut.

Architektonisch ganz anders tritt die Wallfahrtskirche in Egg etwas ausserhalb der Stadt in Erscheinung: Sie wurde 1921 in Holzbauweise errichtet und mit Holzschindeln verkleidet. Als erster Pfarrer wurde Anton Bolte eingesetzt, ein schwerkranker Theologieprofessor aus Immensee, dem die Ärzte noch drei Jahre Lebenszeit gegeben hatten. Diese Frist wollte er in der Stille und Landluft des Zürcher Oberlands verbringen; er gelobte, sich ganz der Seelsorge und der Verehrung des heiligen Antonius zu widmen, wenn ihm dafür die nötige Kraft zukomme.

Die Mediziner hatten sich getäuscht — der Priester lebte noch 27 Jahre und konnte sein Gelöbnis erfüllen, indem er die Wallfahrt zur Egger Antoniuskirche initiierte. Dem Vorhaben war ein beachtlicher Erfolg beschieden, was wohl nicht zuletzt am augenscheinlichen Wohlergehen des Geistlichen lag. Dieses stand im offenkundigen Widerspruch zur ärztlichen Prognose und musste wohl, so nahmen die Gläubigen an, von höheren Mächten begünstigt worden sein.

Im Verlauf der folgenden Jahrzehnte wurden in Zusammenhang mit der Wallfahrt nach Egg bei weiteren Personen Heilungswunder bezeugt,

‹
Küsnachter Tobel

›
Aussichtsturm Hochwacht, Blick zum Zürichsee

die man auf Gebetserhörungen zurückfuhrte. Dies förderte den Ruf des Wallfahrtsorts zusätzlich und liess die Zahl der Pilgernden weiter steigen. Schon bald wurde gegenüber der Kirche das Antoniusheim für die Aufnahme der Pilgerscharen errichtet. Das Gebäude wird heute als Gasthof genutzt.

1926 schenkte der Papst der Kirchgemeinde eine Reliquie des heiligen Antonius von Padua, die seither bei der Segnung der Pilgerinnen und Pilger eingesetzt wird. Dies geschieht jeden Dienstagnachmittag im Rahmen eines Pilgergottesdiensts. Obwohl sie seit mittlerweile mehr als hundert Jahren besteht, zählt die Antoniuskirche von Egg nicht zu den traditionsreichen Pilgerzielen der Schweiz. Aus diesem Grund existiert auch keine eindeutige oder historisch verbürgte Route für die Wallfahrt dorthin. Die hier vorgeschlagene Tour ist deshalb nicht *die* klassische Pilgerwanderung nach Egg, sondern eine Möglichkeit unter anderen. Immerhin bietet sie viel landschaftliche Abwechslung und führt zu verschiedenen interessanten Orten.

Der erste davon ist der Ausgangspunkt. Ein Blick auf die Landeskarte lässt zunächst Ungutes erahnen. Der Zürichsee ist nämlich fast rundum von einem breiten Band an dicht überbautem Siedlungsgebiet umgeben. Doch wer sich auf einen freudlosen Auftakt über Trottoirs und durch Wohnquartiere gefasst macht, um diesen Speckgürtel zu durchqueren,

Antoniuskirche Egg

sieht sich schon bald getäuscht: Vom Bahnhof Küsnacht flaniert man auf Kopfsteinpflaster durch den alten Dorfkern und erreicht binnen weniger Minuten das Küsnachter Tobel.

Sanft aufsteigend führt ein breiter Kiesweg in den bewaldeten Einschnitt, den der Dorfbach geschaffen hat. Nach etwa einer halben Stunde gelangt man zu einer Wegverzweigung, bei der es eigentlich in den Wanderweg einzuschwenken gilt, der in Richtung Ruine Wulp signalisiert ist. Allerdings empfiehlt es sich, vorher einen Abstecher zur Drachenhöhle zu unternehmen. Der mehrere Meter tiefe Hohlraum liegt ein paar Gehminuten weiter tobeleinwärts in einem Nagelfluh-Steilhang. Von der Talsohle ist er auf einem kurzen, aber scharf ansteigenden Stichweg erreichbar. Nach der Sage hauste dort einst ein Drache, der immer wieder das Dorf bedrohte (was mit dem Wildbach und den von ihm verursachten Überschwemmungen in Verbindung gebracht wird), bis ihn ein Ritter mit Unterstützung der Jungfrau Maria zähmte.

Recht steil ist der Aufstieg zu den Mauerresten der mittelalterlichen Burg Wulp, danach geht es, weiterhin im Wald und nunmehr in leichtem Auf und Ab, zur Blüemlisalp. Der Bauernhof mit zugehörigem Restaurant liegt zwar auf nicht einmal 600 Meter Höhe, trägt seinen Namen aber nicht zu Unrecht, liegt er doch in hügeligem Weideland, das tatsächlich eine alpine Anmutung hat.

Im Raum Wetzwil muss man auf einer nahezu drei Kilometer langen Strecke mit asphaltierten Strässchen vorliebnehmen. Danach geht es erneut in den Wald. In der nächsten Stunde wandert man fast durchwegs unter Bäumen, denn nun geht es auf den bewaldeten Höhenzug des Pfannenstiels. Dieser Flurname steht laut Schweizerischem Idiotikon für einen langgestreckten Geländeteil.

Den höchsten Punkt des Hügels umgeht die Wanderroute knapp. Dennoch kann man ihn sogar überragen, indem man auf den Aussichtsturm Hochwacht steigt. Dessen höchste Plattform befindet sich 33 Meter über dem Waldboden und bietet damit eine ungehinderte Rundsicht über die umliegenden Baumwipfel hinweg. Während sich gegen Süden der Zürichsee und die Alpenkette zeigen, fällt der Blick nach Norden zum Greifensee. Auch das Ziel der Wanderung, das Dorf Egg, ist nun erkennbar. Am Restaurant Pfannenstiel vorbei steigt man über Wiesen und Weideland zum Rand des weitläufigen Siedlungsgebiets ab. Die Antoniuskirche liegt direkt am Weg zum Bahnhof im Dorfzentrum.

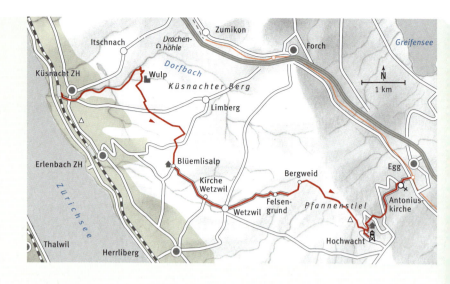

Die Route digital
für unterwegs.

Schwierigkeit
T1

Strecke
14 km

Höhendifferenz
580 m Aufstieg, 450 m Abstieg

Blüemlisalp

Wanderzeit
4 ¼ Std.

Anteil Naturbelag
65 %

Ausgangspunkt
Küsnacht ZH (Bahn/Schiff)

Endpunkt
Egg (Bahn)

Einkehren
Wirtschaft Blüemlisalp

Ideale Jahreszeit
Ganzjährig begehbar

Route
Vom Bahnhof Küsnacht (416 m) geht es durch den alten Dorfkern ins Küsnachter Tobel. Dort steigt man zur Burgruine Wulp (573 m) auf und wandert in der Flanke des Höhenzugs Küsnachter Berg zur Blüemlisalp (594 m). An der Kirche Wetzwil vorbei gelangt man ins Dorf Wetzwil und von dort hinauf zum Weiler Felsengrund. Nach dem Aufstieg zur bewaldeten Kuppe des Pfannenstiels (853 m) erreicht man den Aussichtsturm Hochwacht. Von dort steigt man nach Egg (545 m) ab.

Kapelle Jonental

Das Kleinod in der Waldschlucht

Kapelle Jonental

Die Wanderung von Affoltern am Albis zur Reuss und weiter nach Bremgarten ist zu jeder Jahreszeit praktikabel. Hauptattraktion neben den idyllischen Uferlandschaften im zweiten Teil ist die in einem Tobel liegende Kapelle Jonental.

In einem abgelegenen, von Wald dicht überwachsenen Tal unweit der Reuss machte sich einst ein Hirte auf die Suche nach einer verirrten Ziege. Nach einer Weile entdeckte er das Tier unversehrt im engen Tobel. Da vernahm er aus der Ferne sanfte Musik. Er legte sich hin und schlief ein, worauf ihm die Gottesmutter in hellem Glanz erschien. Als er aufwachte, entdeckte er an seiner Seite ein Bildnis, das dem Traumbild glich.

Die Leute aus dem nahen Dorf kamen zum Schluss, Maria wünsche, fortan im Jonental verehrt zu werden. Deshalb begann man auf der Anhöhe oberhalb des Tobels mit dem Bau einer Kapelle. Doch so sehr man sich bemühte: Immer wieder wurden die Mauern über Nacht von unsichtbarer Hand in die Waldschlucht geworfen. Schliesslich zog man einen Einsiedler zu Rate. Dieser empfahl, die Kapelle nicht irgendwo am Rand der Schlucht, sondern exakt am Fundort des Gnadenbilds zu errichten. Als die Dorfleute dies beherzigten, verliefen die Arbeiten fortan ungestört. Schon bald konnten sie erfolgreich abgeschlossen und die Kapelle vollendet werden.

Soweit die Legende zur Entstehung der Kapelle Jonental. Diese wurde 1621 errichtet und 1734 erneuert. Ein Vorgängerbau bestand vermutlich schon im 14. Jahrhundert. Jonental gilt als bedeutendster Wallfahrtsort des Kantons Aargau.

Um das Pilgerziel kursiert eine weitere Legende. Nach dieser stammt das Gnadenbild aus dem Kanton Zürich. Während der Reformation hätten es die Bilderstürmer aus einer Kirche im Knonauer Amt gerissen und in den Jonenbach geworfen, worauf es beim Standort der heutigen Kapelle angeschwemmt worden sei.

Wie dem auch sei, der einsame Standort der Kapelle ist jedenfalls einmalig. Erreichbar ist er im Rahmen einer leichten Wanderung ab Affoltern. Vom Bahnhof sind es nur wenige Hundert Schritte bis zum Rand des Siedlungsgebiets, und schon ist man in der Natur. Es gibt weiten Himmel,

‹
Auf dem Reuss-Uferweg

›
Reuss bei Hermetschwil

Wiesen, Wälder — die Wanderung vom zürcherischen Knonauer Amt ins aargauische Freiamt beginnt verheissungsvoll. Getrübt wird der Auftakt einzig von der Wegoberfläche: Sie besteht auf den ersten drei Kilometern praktisch durchwegs aus Asphalt.

Erst nach dem Weiler Loch lässt man den Hartbelag für eine Weile hinter sich. Der Wanderweg führt nun in den Wald und senkt sich sanft in das Tobel, das von der Jonen ins Gelände gegraben wurde. Bei einer Waldhütte steht ein grosser Picknickplatz mit Feuerstelle zur Verfügung. Noch etwas weiter unten, direkt am Wasserlauf der Jonen, liegt eine Lichtung, wo man sich der Welt mit ihrem Alltagslärm weit entrückt fühlt. Der Schauplatz ist ringsum durch bewaldete Steilhänge geschützt. Die Bäume umgeben eine kleine Wiesenfläche, in deren Mitte die Kapelle steht. Im anmutigen Bau ist ein Marienbild — das eigentliche Pilgerziel — effektvoll an prominenter Stelle über dem Hauptaltar angebracht.

Die Wanderung wird danach der Jonen entlang fortgesetzt. Schon bald tritt man aus dem Jonentobel in die weite Ebene des Reusstals. Die offene Landschaft steht in eindrücklichem Kontrast zur Waldschlucht, die man zuvor passiert hat. Durch das Dorf Jonen geht es an die Reuss, der man auf dem östlichen Uferweg folgt. Bei der Brücke Werd sowie bei der Brücke Rottenschwil besteht die Möglichkeit, auf die andere Seite des Flusses zu wechseln. Es empfiehlt sich aber, vorläufig am rechten Ufer zu bleiben. Dadurch nimmt man zwar nochmals anderthalb Kilometer Asphalt in

Gnadenbild
in der Kapelle

Kauf, kommt dafür aber an einer direkt am Ufer liegenden Vogelbeobachtungsstation vorbei. Durch Klappen in den Holzwänden kann man die hier siedelnden Wasservögel aus nächster Nähe in ihrer natürlichen Umgebung beobachten.

Die Reuss durchfliesst diese Gegend in einer Breite von bis zu 300 Metern und mit entsprechend geringer Geschwindigkeit. Die weite Wasserfläche wird Flachsee genannt und ist ein bevorzugtes Brutgebiet zahlreicher Vogelarten. Gleichzeitig gedeihen hier verschiedene seltene Pflanzen. Je nach Jahreszeit zeigt sich die Uferlandschaft in ganz unterschiedlichen Farben.

Das Biotop ist aufgrund eines menschlichen Eingriffs in den Wasserhaushalt entstanden. 1975 wurde weiter flussabwärts ein Flusskraftwerk in Betrieb genommen. Die Anlage führte zu einem Rückstau, der die Landschaft und die Ökologie der Gegend nachhaltig — und letztlich positiv — veränderte.

Die nächste Möglichkeit, die Reuss zu überqueren, bietet der Dominilochsteg. Die alte Holzbrücke führt an den Fuss eines Hügels, auf dem das Benediktinerinnenkloster Hermetschwil steht. Im Gebiet von Bremgarten zieht die Reuss mehrere grosse Schleifen. Setzt man die Wanderung auf dem westlichen Uferweg fort, kann man am Anfang der ersten solchen Biegung direkt nach Bremgarten West aufsteigen.

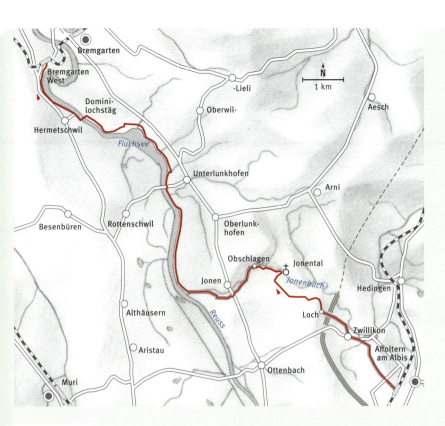

Die Route digital
für unterwegs.

Schwierigkeit
T1

Strecke
15,9 km

Höhendifferenz
140 m Aufstieg, 240 m Abstieg

Wanderzeit
4 Std.

Anteil Naturbelag
55 %

Ausgangspunkt
Affoltern am Albis (Bahn)

Endpunkt
Bremgarten West (Bahn)

Einkehren
Verschiedene Gaststätten in Jonen

Ideale Jahreszeit
Ganzjährig begehbar

Route
Von Affoltern am Albis (494 m) geht es nach
Zwillikon und über die Autobahn A4 hinweg zum
Weiler Loch, dann sanft absteigend zur
Waldlichtung im Jonental (434 m), wo sich die
gleichnamige Wallfahrtskapelle befindet. Am
Ende der Waldschlucht gelangt man nach Jonen
und von dort zur nahen Reuss. Auf dem östlichen
Uferweg wird der Flachsee (382 m) passiert und
beim Dominilochsteg zum westlichen Uferweg
gewechselt. Die Wanderung endet beim Bahnhof
Bremgarten West (401 m); wird die Tour bis zum
zentralen Bahnhof Bremgarten fortgesetzt, ergibt
sich eine halbe Stunde zusätzliche Marschzeit.

Die Wiege der Berner Reformation

Kirche Kleinhöchstetten

10

Die Wanderung von Rüfenacht nach Münsingen bietet auf kurzer Distanz eine ungewöhnliche landschaftliche Vielfalt. Sie verläuft über aussichtsreiches Wiesenland und durch lauschige Auenwälder. Mit dem Kirchlein von Kleinhöchstetten liegt zudem ein Juwel frühromanischer Sakralbaukunst am Weg.

Die Reformatoren machten verschiedenen Praktiken und Traditionen der katholischen Kirche den Garaus. Dazu gehörte neben dem Ablasshandel und dem opulenten Kirchenschmuck auch das Wallfahren. Im Kanton Bern scheute die Obrigkeit keinen Aufwand, um Altgläubige daran zu hindern, weiterhin die ihnen liebgewordenen Pilgerstätten aufzusuchen. So liessen sie beispielsweise die St.-Beatus-Höhle am Thunersee, die vordem ein beliebter Wallfahrtsort war, einfach zumauern. Noch härter traf es die Kapelle Fribach bei Gondiswil: Sie wurde kurzerhand abgetragen.

Etwas glimpflicher kam die Kirche in Kleinhöchstetten davon. Auch sie war bis zur Reformationszeit ein beliebtes und gut besuchtes Wallfahrtsziel. Zwecks Unterbindung des Pilgerns wurde das Gotteshaus an einen Bauern verkauft, dem es fortan als Wohnung und später als Werkzeugschuppen diente. Nach mehr als 400 Jahren zweckentfremdeter Nutzung war das Gebäude Mitte des 20. Jahrhunderts in einem dermassen schlechten Zustand, dass die Besitzer es abbrechen wollten.

Die Geschichte schlug damit einen geradezu ironischen Haken, denn ausgerechnet das Kirchlein von Kleinhöchstetten war gewissermassen eine Keimzelle der Reformation. Von 1522 bis 1525, also zu einer Zeit, als sich in Deutschland und in der Schweiz die von Martin Luther und Ulrich Zwingli ausgehende kirchliche Erneuerungsbewegung immer stärker ausbreitete, predigte dort erstmals im Bernbiet ein Pfarrer gegen den Ablasshandel und das Papsttum.

Bei diesem Pionier handelte es sich um einen aus Bayern stammenden Mann namens Jörg Brunner. Kleinhöchstetten wird deshalb als Wiege der Berner Reformation betrachtet. Obendrein ist das Bauwerk ein einmaliger Zeuge der Frühromanik im Schweizer Mittelland. Es weist einen schlichten Grundriss auf, und ans Kirchenschiff schliesst sich eine unverputzte Apsis an.

Die Landeskirche und der Heimatschutz erwarben die Ruine in den 1950er-Jahren und sanierten sie. Seither erstrahlt das Kirchlein in frischem Glanz und dient auch wieder dem ursprünglichen Zweck — jeden-

‹
Kirche Kleinhöchstetten

›
Bei Allmendingen

falls weitgehend. Regelmässig werden dort Gottesdienste nach protestantischem Ritus durchgeführt. Als Wallfahrtsziel hingegen hat die Kirche von Kleinhöchstetten ausgedient.

Wer sich dennoch auf die Spuren der einstigen Pilgerinnen und Pilger begeben will, fährt mit dem «Blauen Bähnli» — so wird das Richtung Worb verkehrende Berner Tram im Volksmund genannt — nach Rüfenacht. Von dort geht es nach Allmendingen und weiter nach Kleinhöchstetten. Die Route führt durch eine ländliche Gegend, was in diesem Fall bedeutet, dass etliche der Flurwege, auf denen man wandert, asphaltiert sind. Dennoch gibt es ausserhalb der Dörfer verschiedene hübsche Abschnitte auf Naturwegen. Im offenen Gelände geniesst man dabei eine schöne Aussicht zu den Berner Hochalpen.

Von Kleinhöchstetten lässt sich die Wanderung über den zu Rubigen gehörenden Ortsteil Hunziken nach Münsingen fortsetzen. Bei der Hunzigebrügg befindet sich die überregional bekannte Mühle Hunziken, die sich allerdings nicht für einen Wanderzwischenhalt eignet, da sie als Konzertlokal nur an Wochenendabenden geöffnet ist. Wer einkehren will, hat dazu im Restaurant Campagna auf der gegenüberliegenden Seite der Aare Gelegenheit.

Besonders attraktiv ist die Auenlandschaft der Hunzigenau. Der Wanderweg verläuft dort an erhöhter Lage rund um das Hechtenloch. Die Schwemmlandschaft ist vom früheren Aarelauf geschaffen worden. In ihren Tümpeln und Riedflächen tummeln sich zahlreiche Amphibien und Vögel. Getrübt wird die Idylle einzig durch das stetige Rauschen des auf der nahen Autobahn fliessenden Verkehrs. Auch der letzte Abschnitt der Tour ist reizvoll. Er umrundet entlang des renaturierten Laufs des Grabebachs das grossflächige Areal des Psychiatriezentrums Münsingen. Danach gelangt man auf Quartiersträsschen ins Ortszentrum von Münsingen.

Hunzigenau

Die Route digital
für unterwegs.

Schwierigkeit
T1

Strecke
9,3 km

Höhendifferenz
90 m Aufstieg, 150 m Abstieg

Wanderzeit
2 ¼ Std.

Anteil Naturbelag
60 %

Ausgangspunkt
Rüfenacht (Tram)

Endpunkt
Münsingen (Bahn)

Einkehren
Restaurant Campagna, Belp (bei der Hunzigebrügg)

Ideale Jahreszeit
Ganzjährig begehbar

Route
Bei der Haltestelle Rüfenacht (592 m) werden
Strasse und Tramlinie unterquert. Durch Wälder
und über Wiesenland wandert man via Allmendin-
gen zur Kirche von Kleinhöchstetten (543 m). Bei
Hunziken erreicht man die Auenlandschaft der
Hunzigenau und gelangt von dort nach Münsingen
(530 m).

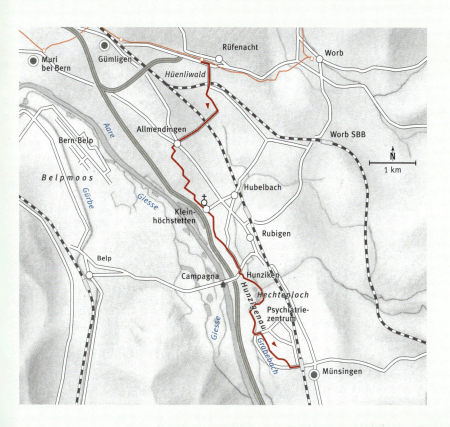

Die potemkinsche Kirche

11

Klosterruine Rüeggisberg

Im Schwarzenburgerland hat die Landwirtschaft einen hohen Stellenwert. Wer durch die Gegend streift, geniesst schöne Kulturlandschaften, muss aber auch Abschnitte auf Strassen gewärtigen. Das betrifft auch die Wanderung von Schwarzenburg nach Riggisberg. Höhepunkt der landschaftlich abwechslungsreichen Tour ist die wunderbar gelegene Anlage des ehemaligen Klosters Rüeggisberg.

Nur noch eine verwitterte Ruine und einige Grundmauern zeugen davon, dass in Rüeggisberg einst ein stattliches Kloster stand. Gegründet wurde es nach 1075 als Ableger der mächtigen und einflussreichen Abtei von Cluny im Burgund. Für einige Zeit zählte es zu den bedeutendsten Klöstern der Schweiz. Zugleich war das Priorat ein wichtiger Etappenort für die Wallfahrt nach Santiago de Compostela.

Nach einer relativ kurzen Blütezeit schwand seine Bedeutung allerdings rasch wieder. Im Gefolge der Burgunderkriege legte das aufstrebende Bern die Hand auf das Klostergut und degradierte das Priorat zu einem Landwirtschaftsbetrieb mit Pfarrhaus. Die Reformation und ein Dorfbrand brachten den endgültigen Niedergang: Die Bevölkerung nutzte die Baumaterialien für den Wiederaufbau von Häusern und Dorfkirche, und ein verbleibendes Gebäude diente fortan als Scheune.

Die verfallenen Mauern bieten einen morbid-romantischen Anblick. In den vergangenen hundert Jahren wurden sie in mehreren Etappen untersucht und konserviert. Im Zuge des jüngsten Schritts zur Sicherung der Anlage (2016 bis 2021) trat ein überraschender Befund zutage. Die Fundamente auf der Westseite der Kirche legen zwar nahe, dass dort einst ein geräumiges Kirchenschiff stand. Dessen Bau wurde jedoch nie abgeschlossen. Der vermeintlich voluminöse Kirchenbau von Rüeggisberg bestand somit nur aus einer querliegenden Rumpfkirche, die gewissermassen als potemkinsche Fassade diente und eine Grösse vorgaukelte, die in Tat und Wahrheit nicht existierte.

Das ehemalige Kloster ist aber dennoch einen Besuch wert, und zwar aus zwei Gründen. In einem Museumsraum, der täglich geöffnet ist, wird

‹

So schön kann Vergänglichkeit sein: die Klosterruine Rüeggisberg

›

Bei Helgisried

die Geschichte des Klosters dokumentiert. Dort sind auch mehrere Mauer-fragmente ausgestellt, die von den Steinmetzen seinerzeit mit plastischen Elementen dekoriert wurden. Von der kunsthistorischen Forschung wer-den diese Arbeiten als Pionierleistung bewertet. Sie stehen beispielhaft für eine Entwicklung der Bauplastik, die sich zur Bauzeit im 11. Jahrhundert anbahnte.

Der zweite Grund, warum sich ein Besuch der Klosterruine lohnt, ist deren Lage. Die Kirche und ihre Nebengebäude wurden etwas ausserhalb des heutigen Dorfs errichtet. Sie stehen am äusseren Rand einer Hoch-ebene und bieten damit eine ungehinderte Sicht zur Gantrischkette und zu den Berner Hochalpen. Malerisch ist auch der Vordergrund: Das weite Tälchen des Grüenibachs zieht sich gegen das Nachbardorf Riggisberg, dahinter öffnet sich die Sicht zur Region Thun.

Auch heute verläuft der Jakobsweg über Rüeggisberg. Für die vorlie-gende Wanderung wird er jedoch in umgekehrter Richtung begangen. Auf diese Weise kommt das Alpenpanorama im letzten Abschnitt der Tour zu seiner vollen Geltung.

Es ist eine Eigenheit des bekanntesten Pilgerwegs der Schweiz, dass er teilweise auf längeren Strecken über Asphalt verläuft. Das ist historisch bedingt: Der Jakobsweg nutzt traditionelle Wegverbindungen, die einst so angelegt wurden, dass man möglichst effizient vorankam. Gerade dieser

Pragmatismus ist den Strecken zum Verhängnis geworden, denn im Laufe der Zeit wurden sie einfach zu Strassen ausgebaut, deren Streckenführung sich natürlich ebenfalls an ökonomischen Grundsätzen orientierte.

Im Galgenzelg lässt man den Asphalt für eine Weile hinter sich und wandert mit Aussicht zu den obersten Spitzen der Alpenkette. Die Wegoberfläche wechselt von nun an immer wieder zwischen Asphalt, Kies, Gras und Waldboden. Über Elisried geht es zur Granegg, von dort steigt man in den Schwarzwassergraben ab. Etwas oberhalb des Flüsschens liegt im Auenwald die Hütte des Sportfischervereins Schwarzenburg, die über einen kleinen Rastplatz verfügt.

Im Aufstieg von der Wislisau nach Rüeggisberg durchquert man zunächst das wildromantische Tobel des Hangebachgrabens und nutzt etwas später den alten, bereits 1533 urkundlich erwähnten Klosterweg, der allmählich zerfiel und 1986 wiederhergestellt wurde.

Der letzte Teil der Wanderung ist landschaftlich sehr reizvoll. Den ersten Abschnitt von Rüeggisberg nach Mättiwil kann man ohne Weiteres als schönstes Teilstück der gesamten Tour bezeichnen: Er verläuft auf einem Pfad, der an erhöhter und entsprechend aussichtsreicher Lage durch Wiesen und Weiden führt. Voraus liegen die weiss glänzenden Kuppen von Eiger, Mönch und Jungfrau sowie der Blüemlisalpgruppe, zur rechten Hand reihen sich die Voralpengipfel vom Niesen über das Stockhorn bis zum Gantrisch aneinander. Auch im Abstieg nach Riggisberg wird man von diesem ungewöhnlich schönen Panorama begleitet. Der Genuss wird allerdings etwas getrübt durch die Wegoberfläche, denn ein grosser Teil der Strecke verläuft auf Asphalt.

‹
Alpenkette bei Riggisberg

›
Nur noch wenige Wandmauern zeugen von der einstigen Klosterkirche.

Die Route digital
für unterwegs.

Schwierigkeit
T1

Strecke
14,5 km

Höhendifferenz
390 m Aufstieg, 410 m Abstieg

Wanderzeit
4 Std.

Anteil Naturbelag
55 %

Ausgangspunkt
Schwarzenburg (Bahn)

Endpunkt
Riggisberg, Post (Bus)

Einkehren
Restaurant Lamm, Wislisau

Ideale Jahreszeit
Anfang April bis Ende November

Route
Das Siedlungsgebiet von Schwarzenburg (792 m)
wird ab dem Bahnhof in östlicher Richtung
durchquert. Dabei marschiert man auf dem
Jakobsweg, allerdings in der Gegenrichtung –
man kehrt Santiago de Compostela quasi den
Rücken zu. Über das Galgenzelg gelangt man nach
Schönentannen, dann via Elisried nach Henzi-
schwand und am Dörfchen Mamishaus vorüber
zur Granegg und in den Schwarzwassergraben
(707 m). Von der Wislisau an geht es wieder
aufwärts. Via Rohrbach und Helgisried steigt man
zum ehemaligen Kloster Rüeggisberg und ins nahe
Dorf Rüeggisberg (930 m) auf. Ebenen Wegs
gelangt man nach Mättiwil und steigt von dort
nach Riggisberg (765 m) ab.

Durch ein ehemaliges
Portal geht heute die
Sicht zum Schreckhorn.

Am Aussichtspunkt Hornfelsen

Top of Basel

St. Chrischona, Bettingen

Anders als es der Name nahelegt, besteht der Kanton Basel-Stadt nicht nur aus urbanen Zonen, sondern er umfasst auch zwei Landgemeinden. In Riehen und Bettingen gibt es rund um das Siedlungsgebiet viel Wald und Wiesenland. Auch der höchste Punkt des Kantons befindet sich dort. Die Wanderung zur einstigen Wallfahrtskirche St. Chrischona beginnt im Stadtzentrum und führt ins Grüne.

Die Tour nach St. Chrischona nimmt ihren Auftakt als Stadtwanderung beim Bahnhof Basel SBB. Direkt vor dem grössten Grenzbahnhof Europas und damit einem der meistfrequentierten Knotenpunkte des öffentlichen

Verkehrs in der Schweiz steht der gelbe Wegweiser, der den Wanderweg Richtung St. Alban anzeigt. Die Wanderung verläuft zunächst entlang von dicht befahrenen Verkehrsachsen. Doch das merkt man nicht gross, da man zwischen den Strassenzügen durch parkähnliche Grünanlagen marschiert. Sie erstrecken sich dort, wo einst die Stadtmauer stand. Das betrifft sowohl den Aeschengraben als auch die St.-Alban-Anlage.

Vom St.-Alban-Tor geht es abwärts zum St.-Alban-Teich. Der Wasserlauf wurde im Mittelalter angelegt, um die dort einst zahlreichen Mühlen anzutreiben. Am Rheinufer fällt der Blick auf die beiden markanten Roche-Türme. Mit ihren 205 und 178 Metern Höhe gelten sie als höchste Hochhäuser der Schweiz (nicht aber als höchste Gebäude des Landes — mehr dazu später). Flussaufwärts geht es zur Parkanlage Birsköpfli, wo die Birs und gleichzeitig die Grenze zum Kanton Basel-Land überquert wird.

Über die Kraftwerkinsel und entlang des langgezogenen Turbinengebäudes des Kraftwerks Birsfelden gelangt man ans nördliche Ufer des Rheins und damit bereits wieder zurück in den Kanton Basel-Stadt. Einige Hundert Meter folgt man der dicht befahrenen Grenzacherstrasse und schwenkt dann auf den Bettingerweg ein. Dieser führt durch ein ausgedehntes Areal von Schrebergärten. Von ihnen sieht man allerdings wegen der hohen Hecken, die beidseits das Strässchen säumen, kaum etwas.

Der Landesgrenze entlang geht es am Friedhof Hörnli vorüber, dann über die Landesgrenze und nunmehr auf deutschem Boden kurz, aber steil hinauf zum Aussichtspunkt Hornfelsen. Sitzbänke, Feuerstelle und eine kleine Schutzhütte laden zur Rast ein. Das nahe Hafenareal von Birsfelden bietet zwar keinen besonders ansehnlichen Anblick; umso reizvoller ist dafür die Aussicht zum Rhein und zur Stadt Basel.

Sanft, aber stetig aufsteigend geht es, meist exakt auf der Landesgrenze, durch den Wald und über Wiesenland weiter. «Strick» und «Im Junkholz» heissen zwei der Lichtungen, die man passiert. Schliesslich erreicht man die Hügelkuppe von St. Chrischona, auf der die gleichnamige Kirche steht. Wenige Hundert Meter weiter östlich steht der 1984 in Betrieb genommene Fernsehturm St. Chrischona. Das vom Architekten Jury Oplatek entworfene, 250 Meter hohe Bauwerk gilt als höchstes freistehendes Gebäude der Schweiz. Auffallend sind der polygonale Grundriss des schlanken, auf drei Beinen ruhenden Schafts sowie die asymmetrische Anordnung der Antennenterrassen. Das Gesamtbild soll nach der Absicht des Architekten an einen riesigen Wegweiser erinnern.

Der Name St. Chrischona geht auf eine Volksheilige zurück, die zu den elftausend Jungfrauen gehört haben soll. Diese waren gemäss Legende durch die heilige Ursula zum Christentum bekehrt und zu einer Wallfahrt nach Rom motiviert worden. Auf dem Rückweg wurde die Schar in Köln von Hunnen niedergemetzelt. Chrischona (in lateinischer Schreibung Christiana oder Christina) sowie zwei weitere Begleiterinnen sollen sich geweigert haben, das zuvor verkündete Martyrium auf sich zu nehmen, und blieben in Basel, um dort als Einsiedlerinnen zu leben.

‹
Kirche St. Chrischona

›
Der englische Garten beim Wenkenhof ist öffentlich zugänglich.

Nach ihrem Tod soll Chrischona auf dem Hügelzug des Dinkelbergs beigesetzt worden sein. Die Grabstätte entwickelte sich schon bald zu einem viel besuchten Wallfahrtsort. Eine erste Kirche wurde um 700 errichtet. Der heutige Kirchenbau wurde kurz vor der Reformation vollendet, etwa gleichzeitig mit der Heiligsprechung von Chrischona.

Nachdem Basel zum neuen Glauben übergetreten war, erlosch die Wallfahrt — zumindest offiziell. Noch bis weit ins 17. Jahrhundert pilgerten Katholikinnen und Katholiken nach St. Chrischona. Sie hatten wenig Mühe, in die Kirche einzudringen, denn das Bauwerk war im Dreissigjährigen Krieg (1618–1648) schwer beschädigt und geplündert worden. In den folgenden Jahrzehnten verlotterte die Ruine immer mehr; 1818 wurde sie sogar als Stall genutzt. Schliesslich erwarb der pietistische Pfarrer Christian Friedrich Spittler 1839 das Nutzungsrecht und gründete dort die freikirchliche Pilgermission St. Chrischona. Deren Gebäude formen zusammen mit der Kirchenanlage ein malerisches Ortsbild, das als national bedeutend klassiert ist und unter Schutz steht.

Nachdem man die prächtige Aussicht von der Kirchenterrasse genossen hat, macht man sich an den Abstieg. Teilweise steil auf Treppenwegen, dann wieder auf schönen Mergelwegen, die sich kurvenreich sanft abwärts ziehen, geht es durch den Wald nach Bettingen und um den Linsberg herum zum Bettingerbach. Dem schmalen Wasserlauf folgend, gelangt man zum Wenkenhof, einem barocken Sommersitz mit wunderschöner Parkanlage. Während der grosse englische Garten durchwegs als öffentliches Naherholungsgebiet dient, ist der französische Garten einzig am Sonntag für das Publikum geöffnet.

Die einstige Wallfahrtskapelle ist heute eine schlichte protestantische Kirche.

Die Route digital
für unterwegs.

Schwierigkeit
T1

Strecke
14,2 km

Höhendifferenz
330 m Aufstieg, 320 m Abstieg

Wanderzeit
3 ¾ Std.

Anteil Naturbelag
45 %

Ausgangspunkt
Basel SBB (Bahn)

Endpunkt
Riehen (Bahn, Bus, Tram)

Einkehren
Restaurant Waldrain, St. Chrischona

Ideale Jahreszeit
Ganzjährig begehbar

Route
Vom Bahnhof Basel SBB (278 m) geht es durch den
Aeschengraben und die St.-Alban-Anlage zum
St.-Alban-Tor und hinunter zum St.-Alban-Teich,
dann dem Rhein entlang flussaufwärts via
Birsköpfli zum Kraftwerk Birsfelden. Hier wird auf
das nördliche Ufer gewechselt. Am Friedhof Hörnli
vorüber gelangt man zum Wald, wo der Weg zu
steigen beginnt. Über den Rastplatz Hornfelsen
und die Lichtungen Strick und Im Junkholz steigt
man auf nach St. Chrischona (510 m), der
westlichsten Anhöhe des Dinkelbergs. Die
Hügelkuppe, auf der die einstige Wallfahrtskirche
St. Chrischona steht, ist der höchste Punkt des
Kantons Basel-Stadt. Via Bettingen, Linsberg und
durch den Wenkenpark geht es nach Riehen
(283 m) hinunter.

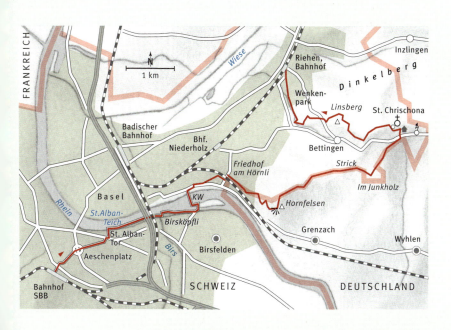

Burgen, Aussicht und ein Schutzpatron für Wandernde

13

St. Wolfgang, Balsthal

Spektakuläre Tiefblicke geniesst man von der Roggenflue auf der vordersten Jurakette. Der Aussichtspunkt ist auf einer Rundwanderung ab Balsthal erreichbar. Die Tour führt zum Abschluss an einer interessanten Burgruine vorbei, an deren Fuss sich die Wallfahrtskapelle St. Wolfgang befindet.

Für fast jede Lebenslage und Tätigkeit hält die katholische Kirche eine passende Heiligenfigur als Schutzpatron oder Schutzpatronin bereit. So wird der heilige Wendelin gegen Viehseuchen und zum Schutz der Felder angerufen, die heilige Anna soll bei Brustschmerzen helfen und die heilige Dorothea den Neuvermählten beistehen. Es gibt einen Schutzheiligen der Motorradfahrenden (Kolumban), der Wohnmobilbenutzenden (Ägidius) und der Flugreisenden (Joseph von Copertino). Die Madonna di Ghisallo, deren Kapelle am Comersee steht, gilt als Schutzpatronin der Velofahrenden.

Wer aber ist für die Wanderinnen und Wanderer zuständig? Je nach Auslegung ist es der heilige Bernhard von Menthon oder der heilige Jakob. Und natürlich der heilige Christophorus. Er gilt schlechthin als universeller Schutzheiliger aller Reisenden und zugleich als Nothelfer gegen einen plötzlichen Tod. Bei zahlreichen Kirchen wurden deshalb Darstellungen von ihm an einer Aussenwand angebracht. Die grossformatigen Bilder zeigen ihn als hünenhaften Mann, der das Jesuskind durch einen Fluss trägt.

Auch die Kapelle St. Wolfgang in Balsthal trägt ein solches Wandbild. Das Kirchlein liegt etwas mehr als einen Kilometer vom Dorfkern entfernt am östlichen Rand des Siedlungsgebiets. Die kurze Strecke eignet sich kaum für eine richtige Pilgerwanderung, doch der Abstecher dorthin lässt sich ansehnlich aufwerten, indem man die Tour zu einer Rundwanderung ausbaut, die über aussichtsreiche Jurahöhen verläuft.

Balsthal tritt je nach Sichtweise als Dorf mit städtischem Gepräge oder als Städtchen mit dörflichem Charakter in Erscheinung. Der Ort liegt am historisch bedeutsamen Passübergang über den Oberen Hauenstein und ist an strategisch günstiger Lage bei einem engen Durchgang entstanden, den der Fluss Dünnern durch die Jurakette gezogen hat.

Auf der Ostseite dieser Klus führt ein schmaler Bergweg zügig ansteigend zur Burg Alt Falkenstein (sie birgt ein Heimatmuseum) und über den bewaldeten Felsrücken des Chluser Roggens weiter aufwärts. An der steil

‹
Auf dem Chluser Roggen

›
Ausblick von der Roggenflue

Kapelle St. Wolfgang
mit Ruine Neu
Falkenstein

abfallenden Hangkante erlauben Lücken zwischen den Bäumen bereits erste spektakuläre Tiefblicke in den Talboden.

Nach einem kurzen Intermezzo durch offenes Wiesenland setzt sich der Aufstieg fort, bis man mit der Roggenflue den höchsten Punkt der Wanderung erreicht. Die Aussicht hier ist mindestens so eindrücklich wie vom unweit gelegenen Weissenstein. Über die weite Ebene des Solothurner und Berner Mittellands hinweg geniesst man bei klarem Wetter einen grossartigen Ausblick zur Alpenkette. Doch weil keine Bergbahn hinauffährt, ist die Pracht im Unterschied zum Weissenstein nicht ohne Anstrengung zu haben. Zudem stehen oben keine Bergrestaurants zur Verfügung, sondern bloss einige Aussichtsbänke. Die Roggenflue zeigt sich damit deutlich weniger glamourös und ist Menschen vorbehalten, die sich an stillem Naturgenuss erfreuen.

Ohne grosse Höhendifferenzen gelangt man auf Waldwegen zum Felsvorsprung Roggenschnarz, wo ein kurzer, aber sehr steiler Abstieg einsetzt. Unzählige Stufen führen gegen die Tiefmatt hinunter. Kurz nach dem Rastplatz, aber noch vor der gleichnamigen Bergwirtschaft schwenkt man in ein Strässchen ein, das über den Schattenbergrain nach Holderbank hinunterführt.

Das Dorf liegt in einer weiten Senke, die der Augstbach geschaffen hat. Am Sonnenhang des Tälchens geht es nun zurück Richtung Balsthal. Schon bald gelangt man auf den «Holzweg Thal»; verschiedene teilweise begehbare Skulpturen und Installationen zeigen die Vielseitigkeit des Werkstoffs Holz auf. Der Themenweg fächert sich in mehrere Abschnitte auf, die sich bisweilen kreuzen und deshalb keinen klassischen linearen Verlauf nehmen. Man kann sich die Route daher gut nach eigenem Gusto zusammenstellen. Die hier empfohlene Variante führt am Rastplatz Stalden vorbei zur Ruine Neu Falkenstein.

Wie das etwas weiter südlich gelegene Pendant Alt Falkenstein diente auch diese Burg im Mittelalter der Kontrolle der Verkehrs- und Warenströme über die Jurapässe des Oberen Hauensteins und des Passwangs. Später wurde sie als Landvogteisitz genutzt. Nach dem Ende des Ancien Régime 1798 steckten aufgebrachte Anwohner sie in Brand. Die Anlage zerfiel in den folgenden Jahrzehnten zusehends, wurde dann aber in den 1930er-Jahren restauriert.

Die Ruine vermittelt einen plastischen Eindruck von den stattlichen Dimensionen des einstigen prachtvollen Schlossbaus. Mehrere Sitzbänke, Tische und Feuerstellen laden zu einer aussichtsreichen Rast ein. Der Turm, der über steile Metalltreppen erreichbar ist, bietet einen eindrücklichen Ausblick auf den Talboden von Balsthal und zu den dahinter liegenden Felsriegeln, welche die Klus formen. Die Burganlage ist auch für Kinder ein attraktiver Höhepunkt dieser Wanderung.

Unterhalb der Ruine, am Fuss eines steilen Felshangs, liegt der Weiler St. Wolfgang, der mit dem Siedlungsgebiet von Balsthal zusammengewachsen ist. In seinem Zentrum steht die Kapelle, die dem heiligen Wolfgang, der im 10. Jahrhundert in Regensburg als Bischof tätig war, geweiht ist.

Das Kirchlein wurde im ausgehenden 15. Jahrhundert errichtet und diente zunächst als Wallfahrtskapelle. Reisende, die auf der Hauenstein-Route unterwegs waren, fanden im Etappenort Stärkung für Leib und Seele. Während der Reformation fiel ein Teil des Kircheninventars dem Bildersturm zum Opfer, doch im Zuge der Gegenreformation wurde das Gotteshaus erneut reich ausgeschmückt, unter anderem mit farbenfrohen Engeldarstellungen des Solothurner Barockmalers Gregor Sickinger.

Auf dem «Holzweg Thal»

Tiefblick von Neu Falkenstein zur Kapelle St. Wolfgang und nach Balsthal

Die Route digital für unterwegs.

Schwierigkeit
T1

Strecke
15,4 km

Höhendifferenz
740 m Auf- und Abstieg

Wanderzeit
5 Std.

Anteil Naturbelag
65 %

Ausgangs- und Endpunkt
Balsthal (Bahn)

Einkehren
Bergwirtschaft Tiefmatt

Ideale Jahreszeit
Mitte April bis Ende November

Route
Vom Bahnhof Balsthal (489 m) geht es steil aufwärts zur Burg Alt Falkenstein und via Chluser Roggen zur Roggenflue (998 m), dem höchsten Punkt der Wanderung. Nur unmerklich absteigend gelangt man zum Roggenschnarz (931 m) und von dort steil hinunter zur Tiefmatt (810 m). Die folgenden drei Kilometer durch den Schattenbergrain nach Holderbank und zum Weiler Schnellen verlaufen auf Asphalt. Wieder auf Naturwegen erreicht man die Burgruine Neu Falkenstein (603 m), steigt von dort zur Kapelle St. Wolfgang ab und erreicht auf Quartiersträsschen das Ortszentrum von Balsthal.

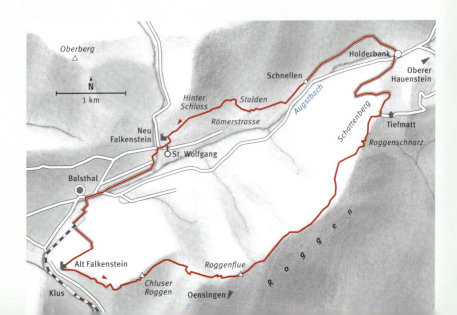

Bei der Blauenweide

Wundersame Rettung im Waldtobel

Kloster Mariastein

Der Blauen trennt das Laufental vom Leimental. Der Wanderweg von Zwingen nach Mariastein stellt eine interessante Verbindung über den Hügelzug hinweg sicher. Am Ziel liegt das Benediktinerkloster Mariastein, dessen Gnadenkapelle ein Wallfahrtsort von internationaler Ausstrahlung ist.

Die Hitze muss drückend gewesen sein an diesem Tag. Vielleicht hat ein kurzer Moment der Unachtsamkeit genügt, vielleicht ist die Hirtin aber schon vor einer längeren Weile eingeschlafen. Jedenfalls hat sie beim Viehhüten Schutz vor der Hitze gesucht und ist unter einem Baum eingeschlummert. Ihr kleiner Sohn hat sich unterdessen im Wald beschäftigt.

Gnadenkapelle
mit Gnadenbild
«Maria im Stein»

Beim Spielen ist er immer näher an einen Abgrund geraten, der sich an der oberen Kante einer Felswand öffnet. Da passiert es: Unvermutet stürzt er in ein tiefes Tobel. Dort aber wird er, wie er danach seiner Mutter schildert, von einer Frau aufgefangen und bleibt unversehrt.

Als Akteurin dieser wundersamen Rettung wird schon bald die Gottesmutter Maria vermutet. Die Geschichte ist geradezu prototypisch. In vielen Gegenden des Abendlands werden solche Marienerscheinungen überliefert. Die Legenden wurzeln in Geschehnissen des Spätmittelalters und der frühen Neuzeit. Wie in anderen Fällen entwickelte sich der Schauplatz auch hier schon bald zu einem Pilgerort. Das eigentliche Wallfahrtsziel ist die sogenannte Gnadenkapelle, eine Felsgrotte tief unten im Tobel. Dort ist direkt an der Felswand die «Maria im Stein» angebracht, das Gnadenbild einer Madonna aus Stein mit dem Jesuskind auf dem Arm. Mariastein, so wurde der Ort fortan genannt.

In der Anfangszeit im frühen 15. Jahrhundert mussten die Gläubigen einen beschwerlichen Abstieg im Wald auf sich nehmen, um dorthin zu gelangen. Aus der Betreuung der Wallfahrtsgrotte ging im 17. Jahrhundert ein Kloster hervor. Schon bald wurde auch der Zugang zur Grotte ausgebaut. Von der Klosterkirche lässt sie sich seither über einen höhlenartigen Treppengang trockenen Fusses und vor Wind und Wetter geschützt erreichen. Dieser ist im Laufe der Zeit mit unzähligen, von Gebetserhörungen zeugenden Votivtafeln ausgeschmückt worden.

Das Kloster weist eine reichlich wechselvolle Geschichte auf. So wurde es mehrmals aufgehoben und nachfolgend wieder neu eingerichtet. Mittlerweile gilt Mariastein nach Einsiedeln als zweitwichtigster Wallfahrtsort der Schweiz. Ein grosser Parkplatz vor der Klosteranlage lässt darauf schliessen, dass heute die meisten Pilgerinnen und Pilger mit Reisecars und Privatautos anreisen. Der Wallfahrtsort lässt sich aber auch nach wie vor gut zu Fuss erreichen.

Die Wanderung ab Zwingen über den Hügelzug des Blauen ist ein schönes Beispiel für die Tatsache, dass man nicht zwingend wochenlang nach Santiago de Compostela pilgern muss, um Abstand zum Alltag zu finden und zur Ruhe zu kommen. Dabei erinnert die Route sogar ein wenig an den Jakobsweg: Man passiert schöne Dörfer und weite Wälder, bewältigt einen — wenn auch bescheidenen — Passübergang und erlebt Stille in einsamer Natur.

Im Zentrum des Ausgangsorts Zwingen steht die eindrückliche Anlage des Wasserschlosses, das im 13. Jahrhundert auf zwei von der Birs umschlossenen Inseln errichtet wurde. Auf dem Weg vom Bahnhof dorthin gelangt man am gut erhaltenen alten Dorfkern vorbei, der ein bemerkenswert schönes Ortsbild aufweist.

Durch Wohnquartiere steigt man zum Rand des Siedlungsgebiets auf und gelangt über Weiden und durch Wälder nach Blauen. Oberhalb des Dorfs liegt das Naturschutzgebiet Blauenweide, das dank der sonnigen Südlage, trockenen Böden und jahrhundertelanger extensiver Bewirtschaftung über eine grosse Artenvielfalt verfügt. Der Wanderweg folgt dem unteren Rand dieses Landschaftsjuwels, danach geht es in den Wald,

Die prachtvolle Fassade der Klosterkirche Mariastein

wo man zur Forsthütte «Im Schweinel» gelangt. Sie bietet einen gedeckten Rastplatz samt Brunnen und Feuerstelle. Anschliessend gilt es ein längeres Teilstück im Wald zurückzulegen, was etwas eintönig ist, da die Strecke fast schnurgerade verläuft.

Umso mehr geniesst man die Sicht auf den Talboden von Laufen und zu den umliegenden Jurahöhen, die sich vom Bergmattenhof öffnet. In der Gartenwirtschaft des Bauernhofs kann man sich für die nun beginnende steilste Passage der Tour stärken. Sie führt schräg den bewaldeten Hang hoch auf den Blauenkamm. Die Wanderung kulminiert beim Mätzerlechrüz, einem passähnlichen Übergang mit grossem Steinkreuz. Zunächst auf steilen Waldpfaden, später auf weit ausholenden Kiessträsschen mit wenig Gefälle steigt man zum Rotberghof ab. Von dort geht es mehr oder weniger ebenen Wegs nach Mariastein.

Das Ziel der Wanderung sieht von Weitem wie ein Dorf aus, erweist sich aber aus der Nähe als Ort der Einkehr im doppelten Wortsinn. Zum weltlichen Einkehren laden mehrere Gasthäuser, die ein Strässchen säumen. Dieses läuft auf die stattliche Kirche zu, die zum Benediktinerkloster gehört. Wer die Eingangstür öffnet und die grosszügige Basilika betritt, fühlt sich unweigerlich eingeladen, hier Einkehr zu halten.

Bemerkenswert ist die Turmzier der Klosterkirche. In der Schweiz weist ein Hahn auf dem Kirchturm meist auf eine reformierte Kirche hin, ein Kreuz hingegen auf eine katholische. In Mariastein sind beide einträchtig vereint: Über dem feststehenden Kreuz ist ein drehbarer Hahn angebracht, der als Windfahne dient. Der Grund für diese aussergewöhnliche Symbolanordnung ist unbekannt.

Die Route digital
für unterwegs.

Schwierigkeit
T1

Strecke
11,1 km

Höhendifferenz
540 m Aufstieg, 370 m Abstieg

Wanderzeit
3 ½ Std.

Anteil Naturbelag
70 %

Ausgangspunkt
Zwingen (Bahn)

Endpunkt
Mariastein, Klosterplatz (Bus)

Einkehren
Restaurant Bergmattenhof

Ideale Jahreszeit
Mitte März bis Mitte Dezember

Route
Vom Bahnhof Zwingen (347 m) geht es am Schloss vorbei an den nördlichen Dorfrand und im Wald mässig steil nach Blauen; das Dorf liegt am Fuss des gleichnamigen Hügelzugs. Zunächst an der Blauenweide vorbei, dann durch den Wald gelangt man zum Bergmattenhof und von dort in steilem Anstieg zum Mätzerlechrüz (788 m). Auf der anderen Seite des passähnlichen Übergangs führen Fusswege und Waldsträsschen kurvenreich zum Rotberghof hinab. Teils am Rand der Strasse, teils etwas weiter weg vom Verkehr auf einem Kiesbankett gelangt man nach Mariastein (513 m).

Votivtafeln im Durchgang von der Basilika zur Gnadenkapelle

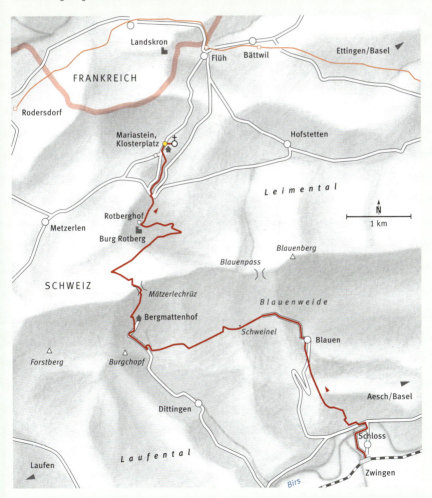

Der Weg über die
Hohe Stiege nach
Saas-Fee VS führt
an zahlreichen
kleinen Kapellen
vorbei.

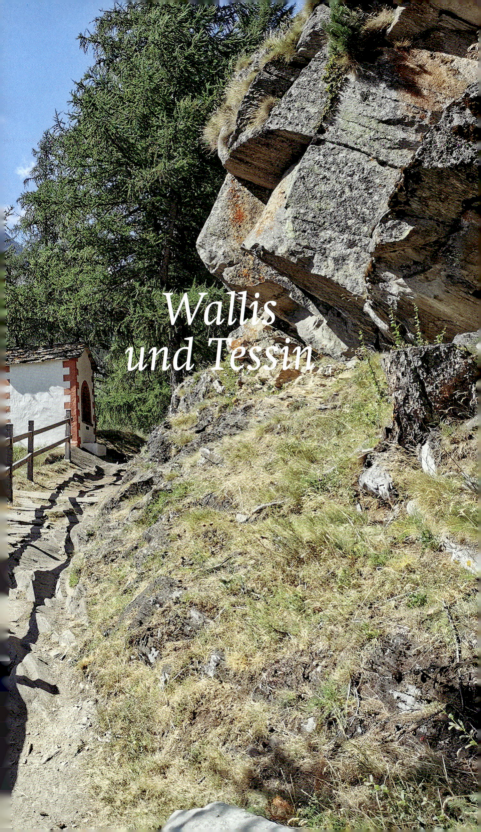

Wallis
und Tessin

Copacabana im Wallis

15 Christ-König-Statue, Lens

Aus der Ferne wirkt die Statue zuoberst auf der Colline du Châtelard wie ein riesiger Finger. Im Sockel, auf dem die Christ-König-Figur ruht, verbirgt sich eine kleine Kapelle. Der Aussichtspunkt lässt sich auf einer leichten Wanderung erreichen.

In Chermignon beginnt sie, in Chermignon endet sie, und doch ist diese Wanderung keine Rundtour. Die Siedlung am Sonnenhang oberhalb von Sierre besteht nämlich aus zwei Teilen. Chermignon-d'en-Haut, wo die Wanderung beginnt, ist ein stattliches Dorf. Das tiefer liegende Chermignon-d'en-Bas ist demgegenüber bloss ein etwas gross geratener Weiler.

Beide Siedlungsgebiete von Chermignon bildeten früher eine eigenständige Gemeinde, hatten aber keine eigene Kirche. Sonntag für Sonntag, Feiertag für Feiertag pilgerten die Einwohnerinnen und Einwohner in die Pfarrkirche Saint-Pierre im Nachbardorf Lens. Nach dem Zweiten Weltkrieg wurde ihnen das zu mühsam. Deshalb gründeten sie eine eigene Pfarrei und errichteten eine Dorfkirche.

Das 1952 eingeweihte Bauwerk liegt etwas ausserhalb von Chermignon-d'en-Haut und damit ein wenig abseits des Wanderwegs, der nach Lens führt. Ein Besuch der Kirche und der damit verbundene kleine Umweg lohnen sich jedoch. Das Gotteshaus wurde als Betonbau erstellt, mit Natursteinen verkleidet und mit grossflächigen Glasmalereien ausgestattet, die viel Licht ins Innere lassen. Besonders in den beiden Seitenkapellen links und rechts des Altarraums sorgt das natürliche Tageslicht für malerische Farbenspiele.

Oberhalb des Nachbardorfs Lens ragt die Colline du Châtelard auf. Charles Ferdinand Ramuz hat die markante Felskuppe als «veritables Golgatha» bezeichnet. In den 1930er-Jahren wurde dort auf Initiative eines lokalen Geistlichen die «Statue du Christ Roi» (Christ-König-Statue) errichtet. Die fünfzehn Meter hohe Eisenplastik steht auf einem Sockel von nochmals gleicher Höhe. Dadurch ist sie im Rhonetal weiterum sichtbar. Die Figur, die ihre rechte Hand zum Schwur erhebt, erreicht zwar nicht die gleiche Strahlkraft wie etwa die Freiheitsstatue in New York oder der Cristo Redentor an der Copacabana von Rio de Janeiro. Trotzdem kommt ihr eine beachtliche symbolische Bedeutung zu: Der Christ-König soll die christliche Herrschaft über Geist, Seele, Institutionen und Politik im Wallis repräsentieren.

‹
Ein Kreuzweg führt
auf den Châtelard

›
Am Grand Bisse
de Lens

Im Sockel der Statue ist eine Kapelle eingebaut, deren Vorhalle offen ist. Die Wappenschilder der Walliser Bezirke schmücken das Portal. Die Einsegnung der Statue am 22. September 1935 zog eine riesige Menschenmenge an. Neben unzähligen Klerikern (darunter das gesamte Priesterseminar von Sion) und zahlreichen Vertreterinnen und Vetretern weltlicher Behörden strömten über 4000 Gläubige nach Lens.

An einer kleinen Mariengrotte vorbei steigt man zum Grand Bisse de Lens ab. Den künstlich angelegten Bewässerungskanal erreicht man an einer aussichtsreichen Ecke des bewaldeten Kamms. Nun folgt eine klassische Walliser Suonenwanderung: Ein schöner Waldpfad führt dem Wasserlauf entlang. Das Trassee verläuft durchwegs fast vollkommen ebenen Wegs. Würde man nicht neben sich das Wasser in gleicher Richtung fliessen sehen, liesse sich unmöglich ausmachen, nach welcher Seite das Gefälle ausgerichtet ist.

Die Bäume am Weg sorgen an heissen Tagen für angenehm kühlen Schatten, schränken allerdings auch die Sicht auf das Rhonetal und ins gegenüberliegende Val d'Anniviers ein. Doch an verschiedenen Stellen gibt es Lichtungen mit Ruhebänken, an denen man rasten und die Aussicht geniessen kann. Wenige Minuten, nachdem man die Hauptstrasse zwischen Flanthey und Lens gekreuzt hat, kommt man sogar an einem gedeckten Picknickplatz mit Holztisch und Bänken vorbei.

Wie sein grösserer Bruder höher oben am Hang verfügt auch das Dörfchen Chermignon-d'en-Bas über eine eigene Kirche neueren Datums. Das dem heiligen Andreas geweihte Gotteshaus wurde 1971 als Ersatz für eine alte, baufällig gewordene Kapelle errichtet. Dank grosser Glasmalereien zeigt es in seinem Inneren ebenfalls eine sehr schöne und harmonische Lichtführung.

Das Kirchlein von
Chermignon-d'en-Bas

Farbenspiel in der Kirche
Chermignon-d'en-Haut

Die Route digital
für unterwegs.

Schwierigkeit
T2

Strecke
10,6 km

Höhendifferenz
240 m Aufstieg, 480 m Abstieg

Wanderzeit
3 Std.

Anteil Naturbelag
75 %

Ausgangspunkt
Chermignon, d'en Haut (Bus)

Endpunkt
Chermignon, d'en Bas (Bus)

Einkehren
Diverse Gaststätten in Lens

Ideale Jahreszeit
Anfang Mai bis Ende November

Route
Vorbei an Wiesen und Gehölzen gelangt man auf Strässchen und Feldwegen von Chermignon-d'en-Haut (1152 m) nach Lens. Beim Sportplatz oberhalb des Dorfs beginnt der Aufstieg auf den Châtelard (1272 m). Auf einem Kreuzweg geht es steil den Bergwald hinauf zur Kuppe mit der Christ-König-Statue. Von dort steigt man auf dem Wanderweg, der in Richtung Les Planisses/St-Léonard signalisiert ist, zum Grand Bisse de Lens ab (1029 m). Dem Wasserlauf folgend gelangt man zur Wegkreuzung bei P. 996 und von dort nach Chermignon-d'en-Bas (911 m).

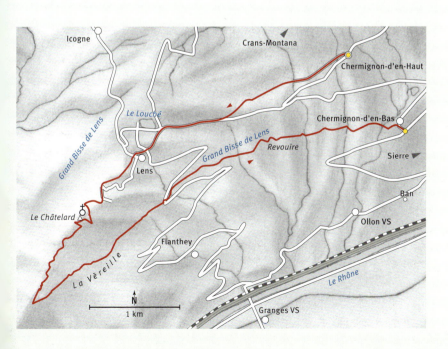

Die Einsiedelei in der wilden Schlucht

16

Ermitage de Longeborgne, Bramois

Trotz ihrer Wildheit lässt sich die Schlucht der Borgne zwischen Bramois und Euseigne zu Fuss durchqueren. Der Pfad führt durch eine spektakuläre Landschaft. Auch eine kleine Einsiedelei gibt es dort.

Wie mag jemand bloss auf die Idee kommen, an einem solchen Ort zu leben? Diese Frage stellt sich wohl nicht wenigen Wanderinnen und Wanderern, die nach Longeborgne gelangen. Die Einsiedelei klebt auf einer schmalen Geländestufe am Fuss einer senkrechten Felswand. Darunter öffnet sich ein Abgrund, der aussieht, als hätte ein Riese mit einer gewaltigen Axt eine Kerbe in den Berg zu schlagen versucht.

Von der Ebene des Rhonetals bei Sion springen die Höhenkurven in dichter Kadenz zu den Drei- und Viertausendern, die das Val d'Hérens umgeben. Entsprechend steil sind die Flanken des Tals. An jenen raren Stellen, wo das Gelände ein bisschen weniger jäh abfällt, schmiegen sich kleine Dörfer in die Hänge. Der Talboden selbst ist unbesiedelt, denn hier regieren die Wildwasser der Borgne und ihrer Seitenbäche. Durch jahrtausendelange Erosion haben sie eine weite, urwüchsige Schlucht geschaffen, die auf den ersten Blick völlig unwegsam aussieht.

Allerdings sind die Fluten heute halbwegs gezähmt, denn das Wasser der Borgne wird weiter oben zu einem grossen Teil dem Kraftwerksystem der Grande Dixence zugeleitet. Zudem erweist sich die Topografie bei genauerem Hinsehen nicht durchwegs als abweisend. Tatsächlich zieht sich nämlich ein Wanderweg dem Wildbach entlang durch die Schlucht.

Felshöhlen hoch über dem Eingang zu dieser grossartigen Wildnis haben den Menschen der Gegend im Mittelalter bei Kriegsgefahr als Zufluchtsort gedient. 1522 errichteten Franziskanermönche dort eine Klause, ihnen folgten später Kapuziner, und seit 1924 untersteht die Einsiedelei dem Benediktinerorden. Die Anlage umfasst zwei aneinander gebaute Kapellen sowie Schlaf- und Aufenthaltsräume. Zum Anwesen gehört auch ein kleiner Rebberg hoch über dem Abgrund.

Die eine der beiden Kapellen der Einsiedelei Longeborgne ist «Unserer Lieben Frau von den Sieben Schmerzen» geweiht, die andere dem heiligen

‹
Wie ein Adlerhorst klebt die Einsiedelei im Steilhang über der Schlucht.

›
Erdpyramiden bei Euseigne

Antonius von Padua. Weil die zwei Sakralräume nur wenige Dutzend Sitzplätze bieten, wird oft auch der kleine Vorplatz in die Messen einbezogen, die zur Frühlings- und Sommerzeit durchgeführt werden und oft sehr gut besucht sind.

Longeborgne gilt seit Jahrhunderten als einer der bedeutendsten Wallfahrtsorte des Unterwallis. Im Laufe der Zeit haben unzählige Gläubige Votivtafeln gestiftet, die teilweise sehr aufwändig und farbenfroh gestaltet sind. Die Wände der beiden Kapellen sind grossflächig damit bedeckt. Besonders häufig treten Sujets auf, die eine Erhörung von Gebeten für die Erfüllung eines Kinderwunsches bezeugen.

Die Einsiedelei erreicht man auf einem Kreuzweg, der kurz nach dem Restaurant Des Pèlerins etwas oberhalb von Bramois beginnt. Das erste Teilstück ist gleichzeitig der Einstieg zum Schluchtweg durch das Tal der Borgne. Bei der sechsten Station («Veronika reicht das Schweisstuch») zweigt der Kreuzweg hangwärts ab und führt knapp fünfzig Höhenmeter steil aufwärts zur Klause. Auf gleicher Strecke kehrt man danach wieder zum Schluchtweg zurück.

Ein gut ausgebauter, zuweilen aber recht schmaler Fussweg führt etwas oberhalb des Wildbachs weiter taleinwärts. Einzelne etwas expo-

Treppenaufgang
zur Einsiedelei

Wildromantische
Schlucht der Borgne

nierte Passagen sind hangseits mit Stahlketten gesichert. Nach einer Weile gelangt man auf einem Steg hinüber auf die Westseite der Borgne. Nun geht es kurz, aber steil hinauf nach Plan des Biolles. Der Weg verengt sich weiter, die Landschaft wird noch rauer und urtümlicher. Schroffe Felswände und mächtige Tannen prägen ihr Gesicht. Konsequenterweise ist der Pfad auf dem Teilstück, das über Plan du Moulin bis zur Verzweigung bei P. 714 führt, als Bergwanderweg signalisiert. Der Abschnitt braucht Zeit und ist anstrengend, denn dicht aufeinander folgen etliche Auf- und Abstiege.

Ironischerweise befindet sich die heikelste Passage der Tour erst kurz nach dem Ende der weiss-rot-weiss gekennzeichneten Strecke. Es handelt sich um die Querung des Wildbachs Corniolla; der Weg wurde vor einigen Jahren bei einem Murgang teilweise weggeschwemmt, sodass man das Bachbett nur auf improvisiertem Trassee passieren kann.

Wenig später mündet der Wanderweg in ein Kiesstr.sschen. Der Talboden wird breiter, erste Weiden und Scheunen tauchen auf. Für eine Weile wird die Schluchtwanderung zu einem Spaziergang, der direkt dem Flüsschen entlang verläuft. Etwas weiter taleinwärts gelangt man nach Combioula. Aus insgesamt 81 Thermalquellen strömt am Hangfuss auf der Ostseite des Flusses bis zu 29 Grad warmes Wasser aus dem Boden. Auf seiner jahrzehntelangen Reise durch den Untergrund hat es sich mit Schwefel und anderen Mineralien angereichert, was ihm einen deutlich wahrnehmbaren Geruch von faulen Eiern verleiht. In einem kleinen Becken am Rand des Flussbetts lässt sich ein erfrischendes Bad nehmen.

Einer weiteren, noch wesentlich eindrücklicheren geologischen Besonderheit begegnet man zum Abschluss der Wanderung. Die Pyramiden von Euseigne sind am Ende der letzten Eiszeit entstanden, als sich Sand und Lehm unter hohem Eisdruck zu einer sogenannten Betonmoräne verdichteten. Im Laufe der Zeit wurde das äusserst harte und kompakte Material durch Erosion teilweise abgetragen. Wo die Moräne hingegen von Findlingen bedeckt war, trotzte sie dem Abbau. Dadurch entstanden im Laufe der Jahrtausende bizarre, bis zu fünfzehn Meter hohe Felstürme. Die Pyramiden werden von einem kurzen Tunnel der Kantonsstrasse durchstossen und lassen sich gut von dort einsehen. Noch eindrücklicher ist der Anblick von einem schmalen Fussweg aus, der als «Chemin des Pyramides» ausgeschildert ist. Er führt unterhalb des Dorfs dem Hang entlang bis zu einer Geländekante, wo das Trassee wegen eines Erdrutsches endet; die Rückkehr ins Dorf erfolgt auf gleichem Weg.

Die Route digital
für unterwegs.

Schwierigkeit
T2

Strecke
11,1 km

Höhendifferenz
970 m Aufstieg, 500 m Abstieg

Wanderzeit
4 ¼ Std.

Anteil Naturbelag
95 %

Ausgangspunkt
Bramois, Pont de Bramois (Bus)

Endpunkt
Euseigne, village (Bus)

Einkehren
Café Relais, Euseigne

Ideale Jahreszeit
Mitte April bis Ende November

Route
Ein Strässchen führt vom Dorfzentrum von
Bramois (510 m) durch die Weinberge zum etwas
höher gelegenen Restaurant Des Pèlerins. Hier
beginnt der Kreuzweg in die Schlucht der Borgne
und hinauf zur Ermitage de Longeborgne (596 m).
Von der Einsiedelei geht es zurück zum Talboden,
dann dem Fluss entlang weiter in die Schlucht.
Über Plan des Biolles (658 m) und Plan du Moulin
gelangt man nach Combioula (698 m). Von dort
steigt man an den «Pyramiden» vorbei nach
Euseigne (975 m) hoch.

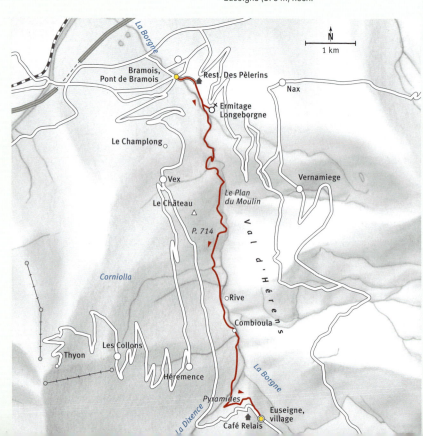

Die Kapelle Unsere Liebe Frau zur Hohen Stiege schmiegt sich an einen Felshang.

Zur «Lieben Frau an der Hohen Stiege»

Kapellenweg Saas-Fee

Nicht der kürzeste, aber der schönste Weg von Saas-Grund nach Saas-Fee verläuft auf dem Kapellenweg über die Hohe Stiege. Ergänzt man ihn um den Abstieg über den Alpweiler Sengg, ergibt sich eine leichte, landschaftlich sehr eindrückliche Rundtour.

Seine Flucht vor den Nazis führte den Schriftsteller Carl Zuckmayer zunächst in die Schweiz und dann in die USA. Nach dem Zweiten Weltkrieg kehrte er nach Europa zurück, um sich 1957 schliesslich in Saas-Fee niederzulassen, wo er die letzten zwanzig Jahre seines Lebens verbrachte. Dort war er bereits einmal gewesen, am Anfang seiner Odyssee. Viele Jahre

nach seinem ersten Besuch erinnerte er sich daran, wie er und seine Frau 1938 an einem Juliabend mit den Rucksäcken von Saas-Grund nach Saas-Fee hinauf gewandert waren. Wie er später vermerkte, hätten die beiden damals nicht geahnt, «dass wir heimgingen».

Der Weg, den die Zuckmayers beschritten, verbindet die beiden Bergdörfer seit dem frühen 18. Jahrhundert. Er ging aus einem anfänglich schlichten Kern hervor: Hoch über der Schlucht der Feeru Vispa stand unterhalb von Saas-Fee ursprünglich ein kleiner Bildstock mit einer Marienfigur. An dessen Stelle wurde 1687 eine Kapelle errichtet.

Wenige Jahre später erschloss man den bis dato schlecht zugänglichen Ort mit einer Treppe von 77 breiten, gleichförmigen Stufen aus Natursteinen. Das Bauwerk, das sich den Steilhang hinaufzieht, nannte man fortan Hohe Stiege. Den Namen übertrug man auch auf die Kapelle: Als «Unsere Liebe Frau zur Hohen Stiege» wurde sie fortan bezeichnet.

Das Kirchlein erfreute sich schon bald wachsenden Zuspruchs als Wallfahrtsort. Selbst aus der Walsersiedlung Macugnaga in Norditalien nahmen Pilgerinnen und Pilger den beschwerlichen Weg über den Monte-Moro-Pass auf sich, um die Kapelle aufzusuchen. Aufgrund des grossen Andrangs wurde die Wallfahrtsstätte 1747 mit einer grossen Vorhalle samt Kanzel erweitert, die sich als eine Art Freilichtkapelle nutzen liess — ein architektonisches Kuriosum.

Den Zugang zur Hohen Stiege ab Saas-Grund hatte man schon vorher zu einem eindrücklich gestalteten Kreuzweg ausgebaut: Die Stationen bestehen hier nicht wie anderswo aus einfachen Bildstöcken, sondern aus aufwendigen figürlichen Inszenierungen, die in kleinen kapellenartigen Gebäuden am Weg untergebracht sind.

Den Kapellenweg erreicht man, indem man vom Dorfzentrum in Saas-Grund zur Vispa marschiert, den Fluss überquert und dessen westlicher Seite flussaufwärts bis zum Campingareal folgt. Noch im Talboden begegnet man der ersten Kapelle, dann beginnt der Weg zu steigen. Der Boden ist in diesem Gebiet nur karg bewachsen. Auf den von Lärchengehölzen umgebenen Weideflächen ragen überall grossflächige Gesteinsbuckel auf, zwischen denen sich der Pfad in die Höhe windet. Zusehends weitet sich die Sicht zum hinteren Talgrund, der vom Almagellerhorn mit gebieterischem Gestus dominiert wird.

Auf dem Weg zur letzten der vierzehn Kreuzwegstationen beginnt sich die Sicht auf die Viertausender zu öffnen, die das Hochtal von Saas-Fee umgeben. Breite Gletscherflächen wälzen sich von deren Flanken zu Tal. Den Abschluss und zugleich den Höhepunkt des Kapellenwegs bildet die Wallfahrtskapelle Maria zur Hohen Stiege. Gleich hinter der schmucken Kirche beginnt die Hohe Stiege, die sich gegen Saas-Fee hinaufzieht.

Während man sich dem Dorf nähert, zeichnen sich die Umrisse eines gewaltigen Gebäudes ab. Es handelt sich um das Parkhaus des noch immer als autofrei gehandelten Kurorts. Saas-Fee ist erst seit 1951 ans Strassennetz angeschlossen; zuvor war der Ort nur zu Fuss oder auf Maultieren

❮
Die Hohe Stiege führt
von der Kapelle nach
Saas-Fee hinauf.

❯
Beim Alpweiler Sengg

erreichbar. Die automobile Realität hat dort mittlerweile resolut Einzug gehalten. Das müssen insbesondere Wanderinnen und Wanderer feststellen, die das Pech haben, bei der Durchquerung des Dorfs auf dessen gigantischen Parkplatz zu geraten. Fast einen halben Kilometer lang müssen sie dann an abgestellten Fahrzeugen vorbeimarschieren.

Man kann dieser wenig erfreulichen Perspektive entgehen, indem man beim Tourismusbüro links abzweigt und auf dem Wanderweg über Wildi nach Üssere Wald marschiert, wo man den Asphalt wieder hinter sich lässt. Ein Kiessträsschen führt mit marginalem Gefälle durch schönen Lärchenwald zum Hotel Fletschhorn. Dieses liegt in einer Waldlichtung, von der man eine grossartige Aussicht hinüber ins Triftgebiet geniesst, das von den Viertausendern Weissmies und Lagginhorn flankiert wird.

Erneut im Wald geht es zum Weiler Sengg, von dort auf einem schmalen, steilen Pfad über Weideland und durch Bergwald hinunter nach Saas-Grund. Am Rand des Ortsteils Tamatten gelangt man wieder an die Saaser Vispa. Dem Flüsschen folgend kommt man zurück zum Ausgangspunkt der Rundwanderung.

Die Stationen des Kreuzwegs sind mit figürlichen Darstellungen der Passionsgeschichte ausgestaltet.

Der gedeckte Vorplatz der Kapelle «Unsere Liebe Frau zur Hohen Stiege»

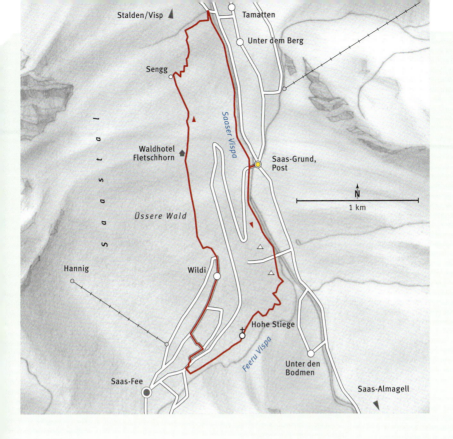

Stalden/Visp
Tamatten
Unter dem Berg
Sengg
Saaser Vispa
Waldhotel
Fletschhorn
Saas-Grund,
Post
Saas t a l
Üssere Wald
N
1 km
Hannig
Wildi
Hohe Stiege
Feeru Vispa
Saas-Fee
Unter den
Bodmen
Saas-Almagell

Die Route digital
für unterwegs.

Schwierigkeit
T2

Strecke
7,5 km

Höhendifferenz
330 m Auf- und Abstieg

Wanderzeit
2 ½ Std.

Anteil Naturbelag
80 %

Ausgangs- und Endpunkt
Saas-Grund, Post (Bus)

Einkehren
Waldhotel Fletschhorn, Saas-Fee

Ideale Jahreszeit
Mitte Mai bis Ende Oktober

Route
Vom Dorfzentrum Saas-Grund (1559 m) geht es
dem Talfluss Vispa entlang bis zum Campingplatz,
wo der Kapellenweg beginnt. Dieser windet
sich als Kreuzweg den Hang hinauf zur Kapelle
«Unsere Liebe Frau zur Hohen Stiege» (1749 m).
Über die Hohe Stiege steigt man nach Saas-Fee
(1803 m) auf. Via Wildi gelangt man zur Wegverzweigung Üssere Wald und von dort dem
bewaldeten Hang entlang am Hotel Fletschhorn
vorbei nach Sengg (1798 m). Der Abstieg zum
Talboden führt nach Tamatten. Der Vispa entlang
geht es zurück nach Saas-Grund.

Das Kirchlein im Meer der Reben

18 Kapelle Maria Sieben Schmerzen, Salgesch

Heiss brennt die Sonne im Hochsommer auf die Rebberge des Mittelwallis – das ist gut für den Wein, aber ungnädig beim Marschieren. Doch im übrigen Verlauf des Jahres, vom Frühherbst bis in den späten Frühling, eignet sich die terrassierte Landschaft bestens für aussichtsreiche Wanderungen. Eine lohnende Tour führt von Sierre nach Salgesch.

Die nach Süden ausgerichteten Hänge oberhalb von Sierre und Salgesch sind für den Anbau von Weinreben prädestiniert. Sie liegen annähernd in der Mitte des grössten Weinbaukantons der Schweiz, sind klimatisch begünstigt und weisen eine vorteilhafte Bodenbeschaffenheit auf. Gleich zwei Themenwege verbinden die beiden Orte. Da ist zum einen der Chemin du Vignoble (Weinweg), der in mehreren Etappen von Martigny nach Leuk führt. Die Strecke verläuft etwas höher oben am Hang, die Ausgangs- und Zielpunkte der vorliegenden Tour befinden sich unterhalb davon.

Der Sentier viticole (Rebweg) wiederum schafft eine Verbindung zwischen dem Reb- und Weinmuseum in Sierre und seinem Pendant in Salgesch. Informationstafeln vermitteln unterwegs Einblick in die geologischen, botanischen und weinbaukundlichen Eigenheiten der Gegend. Der Weinlehrpfad beginnt beim Weinmuseum Sierre, das neben dem Schloss im Stadtquartier «Villa» liegt. Das Schloss wurde im 16. Jahrhundert als Residenz einer Patrizierfamilie errichtet; heute beherbergt es ein Restaurant mit angegliedertem reich bestücktem Weinkeller.

Noch etwas höher liegt die schmucke Kapelle Saint-Ginier. Sobald man sie passiert, lässt man den Hartbelag hinter sich und wandert auf Kiessträsschen und Naturwegen. Das gilt allerdings nicht für die gesamte Tour. Es liegt in der Natur der Sache, dass man auf einer Wanderung durch Weinberge immer wieder Abschnitte auf Hartbelag gewärtigen muss, die von den Winzerinnen und Winzern für die Bewirtschaftung genutzt werden.

Vorerst aber kann man sich wanderfreundlicher Wegoberflächen und einer zusehends weiten Sicht talauf- und talabwärts in die weite Ebene des Zentralwallis erfreuen. An endlosen Reihen von Rebstöcken vorüber gelangt man sanft aufsteigend nach Les Anchettes und von dort, nun wie-

❮
Die Rebberge oberhalb von Sierre eignen sich auch im Winter gut für eine aussichtsreiche Wanderung.

❯
Kirche und Schloss von Venthône

109

der auf Asphalt, nach Venthône, wo der Wanderweg eine Weile der «Balade historique» folgt. Der Rundgang führt zu verschiedenen geschichtsträchtigen Schauplätzen des Dorfs. Dessen markanteste Bauwerke sind die Barockkirche und das benachbarte mittelalterliche Schloss. Sie stehen an der äusseren Kante eines Geländevorsprungs, der eine umfassende Aussicht auf das Rhonetal bietet. Der Ort stellt zugleich den höchsten Punkt der Wanderung dar.

Wechselnd auf Naturwegen und Strässchen geht es durch die Weinberge nach Miège und weiter in die wilde, teilweise bewaldete Schlucht der Raspille. Der Wildbach markiert die Walliser Sprachgrenze: Wer die Brücke überschreitet, gelangt in den deutschsprachigen Teil des Kantons. Am Ende des Aufstiegs auf der östlichen Seite des Einschnitts befindet sich ein grosser Rastplatz. Dort öffnet sich ein schöner Ausblick auf Salgesch. Die Siedlung ist von weiten Rebbergen umgeben und wird traditionellerweise als Weindorf bezeichnet. An die zwei Dutzend Weinkeller gibt es dort, in vielen davon kann degustiert und direkt bei den Produzentinnen und Produzenten eingekauft werden. Im Dorfzentrum steht zudem das zweite Weinmuseum, an dem man auf dieser Wanderung vorbeikommt.

Südlich des Siedlungsgebiets, gegen die Rhone hin, erhebt sich zwischen den langen Reihen von Rebstöcken ein Hügel, auf dem eine kleine Kapelle steht. Es lohnt sich, auf dem Weg zum Bahnhof einen Abstecher dorthin einzuschalten. Die Kapelle Maria Sieben Schmerzen wurde um 1700 errichtet. Auf der Hügelkuppe soll einst ein keltisches Heiligtum gestanden sein, das einer Göttin geweiht war. Den Weg zur Kapelle säumen fünfzehn Bildstöcke, die an die Stationen eines Kreuzwegs erinnern, aber neben der Passionsgeschichte auch die Bedeutung Marias für die katholische Kirche thematisieren.

Die sieben Schmerzen Marias umfassen einerseits das Mitleiden am Schicksal und Tod des Sohnes, andererseits aber auch dessen vorangegangene Distanzierung von seiner Mutter. Ihrem Gedächtnis sind zahlreiche Kirchen in verschiedenen Ländern Europas geweiht, darunter auch die Kirche in Varen, dem Nachbardorf von Salgesch.

Es gibt keinen Weg, der direkt von der Kapelle zum Bahnhof führt. Am einfachsten kehrt man zurück ins Wohnquartier nahe der Bahnlinie und schwenkt dort auf den Smaragdeidechsenweg ein, der in einem grossen Bogen durch die Rebberge rund um den Kapellenhügel (auf der Landeskarte «Kapälluhubil») führt.

Die Route digital
für unterwegs.

Schwierigkeit
T1

Strecke
11 km

Höhendifferenz
450 m Aufstieg, 410 m Abstieg

Wanderzeit
3 ½ Std.

Anteil Naturbelag
60 %

Ausgangspunkt
Sierre/Siders (Bahn)

Endpunkt
Salgesch (Bahn)

Einkehren
Diverse Gaststätten in Salgesch

Ein Kreuzweg führt
zur Kapelle Maria
Sieben Schmerzen
hinauf.

Ideale Jahreszeit
Ganzjährig begehbar

Route
Der Wanderweg vom Bahnhof Sierre/Siders
(534 m) quer durch das Städtchen ist nur lückenhaft markiert. Dennoch lässt sich das etwas erhöht liegende Quartier Villa nicht verfehlen. Beim
Weinmuseum beginnt der Sentier viticole. Er führt
über Les Anchettes nach Venthône (802 m), weiter nach Miège und durch die Raspille-Schlucht
nach Salgesch (577 m). Die Kapelle Maria Sieben
Schmerzen (623 m) liegt unübersehbar auf einem
Hügel südlich des Dorfs.

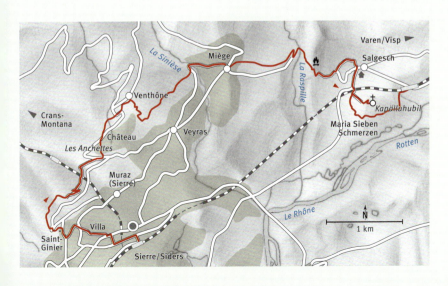

Aus dem wilden Tal auf die Aussichtsterrasse

Oratorio Sant'Anna, Tegna

Der Sentiero del Sole ist eine angenehme und landschaftlich sehr attraktive Möglichkeit, um zu Fuss aus dem Onsernonetal ins Locarnese zu gelangen. Seinem Namen entsprechend bietet er Sonne und Aussicht, zwischendurch gibt es auch längere Passagen im Wald. Am Weg liegt die ausserordentlich schön gelegene Kapelle Sant'Anna.

Das Onsernonetal ist von einer wilden Schönheit. Der Fluss Isorno hat dort eine abgrundtiefe Furche ins Gebirge gegraben, ein dichter Baumteppich bedeckt die Hänge und Seitentäler. Die südliche Talflanke ist fast durchwegs bewaldet, während an den nördlichen Hängen auf halber Höhe kleine Dörfer kleben. Bescheidene Steinhäuser drängen sich auf diesen winzigen, von fast unendlich weitem Grün umgebenen Inseln dicht aneinander.

Die abgelegene Gegend macht es den Menschen nicht einfach: Der Boden ist steinig, das Terrain vielerorts abschüssig. In generationenübergreifender Arbeit terrassierten die Talbewohner die Hänge, um sie für den Anbau von Kastanien und Weintrauben sowie als Weiden nutzen zu können.

Nach dem Zweiten Weltkrieg wurde das Tal von einer Abwanderungswelle erfasst, bis in den Siebzigerjahren eine Gegenbewegung einsetzte. Nun kamen Aussteigerinnen und Aussteiger aus der Deutschschweiz ins Onsernonetal, übernahmen leerstehende Häuser und versuchten sich als Selbstversorger durchzuschlagen. «Capelloni», Langhaarige, nannten die Einheimischen sie anfänglich etwas abschätzig. Doch viele der jungen Pionierinnen und Pioniere vermochten erfolgreich Wurzeln zu schlagen und trugen dazu bei, dass die Entvölkerung gebremst werden konnte. Heute wird der stille Charakter der Gegend besonders von Liebhaberinnen und Liebhabern intakter Naturlandschaften geschätzt.

Als unterstes Dorf im Tal ist Auressio gleichsam das Verbindungsglied zur Aussenwelt. Hier beginnt der Sentiero del Sole. Er zieht sich in der Flanke des Monte Salmone in südöstlicher Richtung talauswärts ins Pedemonte, den untersten Teil des Tals der Melezza.

‹
Mehrere Bildstöcke
säumen den Abstieg
nach Verscio.

›
Galerie im Tal des
Ri d'Auri

Das weitherum sichtbare Prunkstück von Auressio ist die Villa Edera. Sie wurde Ende des 19. Jahrhunderts auf dem einzigen annähernd flachen Plätzchen des Dorfs errichtet und diente als Wohnhaus eines Talbewohners, der nach Paris ausgewandert, dort als Unternehmer zu grossem Reichtum gekommen und schliesslich wieder in seine Heimat zurückgekehrt war. Das stattliche Bauwerk wird heute als Hostel genutzt.

Durch schmale Gässchen und über Treppen geht es zur Dorfkirche hinauf, von dort zieht sich ein Steinplattenweg sanft aufsteigend an den letzten Häusern vorbei zum Wald. Ein alter Brunnen am Weg und verschiedene kleine Kapellen (in einer davon ist eine schwarze Madonna angebracht) lassen darauf schliessen, dass die Strecke früher intensiv begangen wurde.

Beim Weiler Monte Cratolo nimmt die Steigung zu. Durch Kastanienwälder und schattige Tobel windet sich der Weg nach Nebi (auf der Landeskarte «Nebbio») hinauf, dem höchsten Punkt der Wanderung. Hier tritt man aus dem Wald und überquert bei grossartiger Sicht zum Lago Maggiore und ins Centovalli eine weite Weidefläche mit mehreren Rustici.

Nun folgt der abenteuerlichste Abschnitt der Tour. Der Bergweg zieht sich ins Tobel des Ri d'Auri, wo eine Passage durch senkrechte Felswände mit zwei Galerien überwunden wird. Nicht minder wild ist das nachfolgende Val del Ginela; an einigen ausgesetzten Stellen ist der Weg hangseits mit Ketten gesichert.

Von Monda führt der offiziell signalisierte Verlauf des Sentiero del Sole nach Streccia ganz hinten im Tal des Ri da Riei und auf der gegenüberliegenden Seite wieder talauswärts. Den weiten Bogen kann man auf einfache Weise verkürzen, indem man von Monda zunächst den Bergwanderweg Richtung Streccia einschlägt, dann nach wenigen Hundert Schritten talwärts abzweigt und auf einem nur lückenhaft signalisierten Pfad direkt zur Wegkreuzung Riei absteigt. Praktisch ebenen Wegs gelangt man von dort dem Hang entlang zum Oratorio Sant'Anna.

Der Kern der Kapelle stammt aus dem 16. Jahrhundert und wurde im 17. Jahrhundert zum heutigen Bau erweitert. Das markante Gebäude ist fast überall vom Talboden des Pedemonte aus sichtbar, was umgekehrt bedeutet, dass der Standort einen einmaligen Ausblick erlaubt. So geniesst man vom Vorplatz eine wunderschöne Aussicht über die Ebene hinweg zum Lago Maggiore und ins Gambarogno.

Die Kapelle dient bis in die Gegenwart als Pilgerort für Bewohnerinnen und Bewohner der umliegenden Dörfer. Neben dem Namen der heiligen Anna, der sie geweiht ist, trägt sie auch die Bezeichnung «Oratorio delle Scalate», da sie vom Talboden herauf über unzählige Treppenstufen erreichbar ist.

Der Abstieg nach Verscio verläuft bei vorerst nur geringem Gefälle zunächst auf einem sehr schönen Steinplattenweg, der sich in den dünn bewaldeten Felshang legt. Erst weiter unten geht er in einen steilen Treppenweg über, der direkt zum alten Dorfkern führt.

‹

Aussicht von der
Kapelle ins Tal
der Melezza und
ins Centovalli

›

Oratorio Sant'Anna

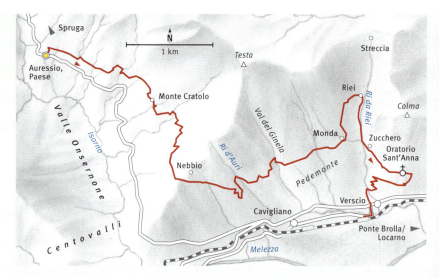

Die Route digital
für unterwegs.

Schwierigkeit
T3

Strecke
9,7 km

Höhendifferenz
540 m Aufstieg, 890 m Abstieg

Wanderzeit
3 ¾ Std.

Anteil Naturbelag
95 %

Ausgangspunkt
Auressio, Paese (Bus)

Endpunkt
Verscio (Bahn)

Einkehren
Diverse Gaststätten in Verscio

Ideale Jahreszeit
Anfang April bis Mitte Dezember

Route
An erhöhter Lage über dem Dorf steht die Kirche von Auressio (617 m), dem untersten Dorf des Onsernonetals. Sie ist der Ausgangspunkt der talauswärts führenden Wanderung auf dem Sentiero del Sole. Über Monte Cratolo steigt man nach Nebbio (844 m) auf und gelangt von dort in den tiefen Einschnitt des Ri d'Auri sowie ins angrenzende Val del Ginela. Kurz nach Monda (652 m) verlässt man den Sentiero del Sole kurzzeitig, indem man direkt nach Riei absteigt. Via Monte Zucchero geht es zur aussichtsreich gelegenen Kapelle Sant'Anna (487 m). Hier lässt man den Sentiero del Sole (der via Selvapiana weiter nach Tegna führt) endgültig hinter sich und steigt auf einem Treppenweg nach Verscio (275 m) ab.

Unterhalb von Riei

Aufstieg zur Dorf-
kirche von Gordevio

Kapellen-Kaskade hoch über der Maggia

Votivkapellen, Gordevio/Avegno

Eine sehr abwechslungsreiche Wanderung verbindet die beiden Dörfer Gorde-
vio und Avegno im Maggiatal. Sie führt durch Kastanienwälder zur kleinen
Hochebene Piano und auf einem aussichtsreichen Felsenweg wieder talwärts.
Den Weg säumen zahlreiche Kapellen.

Es gibt zwei Möglichkeiten, um von Gordevio ins Nachbardorf Avegno zu
gelangen. Die Talwanderung dauert nicht viel mehr als eine halbe Stunde
und verläuft zu einem beträchtlichen Teil der Kantonsstrasse entlang.
Angenehmer und stiller, allerdings auch deutlich länger ist die Wanderung über die Aussichtsterrasse Piano.

117

Nicht um eine einzelne Wallfahrtskirche geht es auf dieser Tour, sondern um eine ganze Kette von kleinen Kapellen. Dabei handelt es sich um sogenannte Votivkapellen. Diese wurden seinerzeit entweder als Zeichen des Dankes für Rettung aus gefährlicher Lage beziehungsweise für Heilung von schwerer Krankheit oder aber als aufwendiger Ausdruck der Bitte um Erfüllung eines wichtigen Anliegens gestiftet.

Die Wanderung führt zunächst zum alten Dorfteil Villa, wo sich die Ende des 13. Jahrhundert erstmals urkundlich erwähnte Dorfkirche befindet. Ein wunderschöner, mit Rundsteinen gepflästerter und von einem Geländer aus Kastanienbalken gesäumter Weg zieht sich sanft zu ihr hinauf. Wer ihn beschreitet, kommt an einer ersten Kapelle vorbei. Sie ist so klein, dass man sie nicht wie ein Gebäude betreten kann, weist aber dennoch Seitenwände und ein Dächlein auf. Der mit naturalistischen Darstellungen der Kreuzigung und weiteren Szenen der Passionsgeschichte bemalte Sakralbau tritt daher nicht etwa bloss als Bildstock in Erscheinung.

Im weiteren Verlauf der Wanderung wird man zahlreichen weiteren solchen Bauwerken begegnen, die zu eigentlichen Begleitern auf dem Weg werden. Sie weisen alle einen rechteckigen Grundriss auf, sind etwas über zwei Meter hoch und mit Wandmalereien, vereinzelt auch mit Fresken geschmückt. Deutliche Unterschiede zeigen sie hinsichtlich ihres Zustands und mitunter auch ihrer künstlerischen Qualität: Manche sind verwittert und dem Zerfall preisgegeben, andere sind frisch restauriert und zeigen Fresken in leuchtenden Farben. Während einzelne Malereien schlicht, ja teilweise etwas unbeholfen ausgeführt wirken, offenbart sich in anderen mit eindrücklicher Linienführung und fein nuancierten Kontrasten ein künstlerischer Anspruch und handwerkliches Können.

Nach einem kurzen ebenen Abschnitt am Rand des Siedlungsgebiets beginnt der Weg zu steigen und führt in den Wald. Dessen Gesicht wird von grossen Kastanienbäumen geprägt. Die Selve wird allerdings seit Jahrzehnten nicht mehr bewirtschaftet, weshalb die traditionsreichen «Brotbäume» zusehends absterben und von anderen Baumarten verdrängt werden.

In zahlreichen Kehren windet sich der Weg den steilen Hang hoch. Steinplatten, die zu Stufen aneinandergereiht sind, erleichtern den Aufstieg. In einer besonders markanten Kurve steht eine kleine Kapelle, die etwas grosszügiger ausgestattet ist als die übrigen Sakralbauten am Weg: Sie weist ein mit Säulen gestütztes Vordach auf, unter dem sich eine Steinbank befindet. Ursprünglich war diese wohl primär der geistigen Einkehr zugedacht, sie bietet sich aber durchaus auch für eine kurze weltliche Rast an.

An heissen Tagen sorgt das Blätterdach der Bäume während des Aufstiegs für angenehme Kühlung. Allerdings wird dadurch auch die Aussicht eingeschränkt. Doch weiter oben wird man schon bald reichlich entschädigt. Beim Maiensäss Pïi öffnet sich, vorerst noch zaghaft, die Sicht zum Talboden der Maggia und zum Talhauptort Maggia. Nach einem letzten Aufstieg durch ein Birkenwäldchen ändert sich die Szenerie deutlich: Nun lässt man den Wald hinter sich und betritt eine grasbedeckte, sanft gewellte Ebene, die ein wenig an eine Tundra erinnert. Dichte Büschel von

‹
Hochebene Piano mit Sicht zum Lago Maggiore

›
Farbenfroh ausge-schmückte Votiv-kapelle bei Gordevio

zähem Riedgras durchsetzen das Weideland, darüber wölbt sich ein grosser, weiter Himmel.

Nach dem langen, gleichförmigen Aufstieg im Wald erinnert dieser Übergang an das Eintauchen in einen fantastischen, farbenfrohen Traum. Erst recht Anlass dafür, sich verwundert die Augen zu reiben, gibt es einige Schritte weiter vorne, wo sich ein kolossales Naturbühnenbild entfaltet: Zwischen dem Monte Gambarogno und dem Pizzo Leone erstreckt sich der Lago Maggiore in erhabener Gelassenheit.

Hier, beim Wegweiser mit der Standortbezeichnung Piano, ist der höchste Punkt der Tour erreicht. Noch einige Meter höher, am Rand der kleinen Hochebene, befindet sich eine Holzbank, die eine ungehinderte Aussicht zum Lago Maggiore und in den rückwärtigen Teil des Maggiatals erlaubt.

Sehr steil fällt das Gelände gegen Avegno hin ab. Der Bergweg weist jedoch kein grösseres Gefälle als beim Aufstieg auf, da er kunstvoll in den Hang gelegt ist und die beträchtliche Höhendifferenz mit vielen Treppenstufen und Serpentinen überwindet. Ausgesetzte Felspartien werden auf diese Weise gefahrlos umgangen, in den Kehren öffnen sich dank spärlichem Bewuchs schöne Ausblicke in den Talboden der Maggia und zum Lago Maggiore. Auch hier stehen an verschiedenen Stellen bunt ausgeschmückte Kapellen am Wegrand.

Avegno, das Ziel der Wanderung, gliedert sich in zwei historische Dorfkerne, um die sich neuere Quartiere gruppieren. Im Ortsteil Avegno di Dentro steht die Pfarrkirche, die den beiden Heiligen Luca und Abbondio geweiht ist. Das Bauwerk stammt aus dem 13. Jahrhundert und wurde seither in mehreren Ausbauschritten erweitert. Bemerkenswert sind der hochaufragende Turm sowie die Wand- und Glasmalereien aus dem letzten Viertel des 20. Jahrhunderts.

Die Route digital
für unterwegs.

Schwierigkeit
T2

Strecke
7,3 km

Höhendifferenz
710 m Aufstieg, 730 m Abstieg

Wanderzeit
3 ½ Std.

Anteil Naturbelag
85 %

Ausgangspunkt
Gordevio (Bus)

Endpunkt
Avegno, Paese (Bus)

Einkehren
Ristorante Stazione, Avegno

Ideale Jahreszeit
Anfang April bis Mitte Dezember

Route
Der alte Dorfteil Villa liegt knapp einen Kilometer
von der an der Hauptstrasse liegenden Bushaltestelle Gordevio (313 m) entfernt. An der Dorfkirche
vorüber gelangt man an den Rand des Siedlungsgebiets und in den Wald. Ein schöner alter Weg
zieht sich zusehends steil den Hang hinauf über
Pïi nach Piano (991 m), wo der höchste Punkt
der Wanderung erreicht wird. In zahlreichen
Kehren steigt man von dort nach Avegno di Dentro
(296 m) ab.

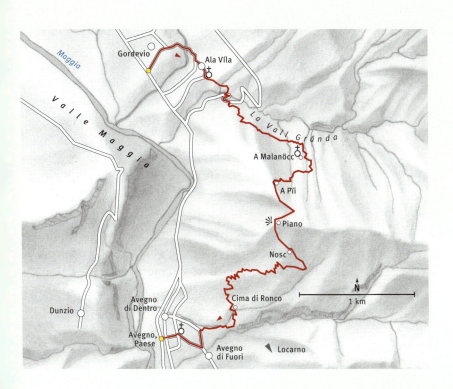

Ein heiliger Berg mit Seeblick

21

Madonna del Sasso, Locarno

An einmaliger Aussichtslage hoch über Locarno steht die Wallfahrtskirche Madonna del Sasso. Der Aufstieg zum Sacro Monte bildet den Auftakt zur Wanderung auf dem Höhenweg «Collina alta», der reizvolle Abschnitte in Kastanienwäldern mit schönen Ausblicken auf den Lago Maggiore verbindet.

Für eine Wanderung von Locarno nach Tenero stehen drei Varianten zur Wahl. Der Uferweg dem See entlang verläuft durchwegs auf Asphalt. Auf halber Höhe durch das Siedlungsgebiet führt der Wanderweg «Collina bassa». Auch hier gibt es viel Hartbelag, dafür auch schöne Tiefblicke zum See. Noch etwas höher angelegt ist die Route «Collina alta», die streckenweise oberhalb des Siedlungsgebiets verläuft und ausgedehnte Kastanienwälder durchquert. Ausserhalb der Vegetationsperiode kann man zwischen den Bäumen hindurch immer wieder die schöne Aussicht auf den Lago Maggiore geniessen. Doch auch zur Sommerzeit, wenn das Blätterdach dicht ist, geben verschiedene Plätzchen mit Aussichtsbänken den Blick auf das malerische Panorama frei.

Die Wanderung beginnt mit einem kurzen, aber happigen Aufstieg. Er lässt sich überbrücken, wenn man mit der Standseilbahn von Locarno nach Orselina fährt. Damit verpasst man allerdings eine sehr eindrückliche und malerische Passage, nämlich den gepflästerten Kreuzweg, der steil nach Madonna del Sasso hinaufführt. Eine hübsche Alternative zu dieser Via Crucis ist der etwas weiter östlich verlaufende Treppenweg, der in einer kleinen wilden Schlucht angelegt ist.

Der Sacro Monte ist eine norditalienische Erfindung. Ein rundes Dutzend solcher heiligen Berge gibt es im Piemont und in der Lombardei, eine Mehrheit davon ist Teil des UNESCO-Weltkulturerbes. Es handelt sich in aller Regel um architektonisch ansprechende, grosszügig ausgestaltete Kirchenbauten, die auf Hügeln oder Bergen errichtet wurden und sich malerisch in die Landschaft einfügen. Die erhöhte Lage gemahnt an den Kalvarienberg (Golgata) ausserhalb von Jerusalem. Mit der Wallfahrt dorthin nahmen die Gläubigen sinnbildlich den Aufstieg zu der fernen Stätte unter die Füsse, an der Jesus gemäss den Evangelien gekreuzigt worden war.

‹

Der Sacro Monte von Locarno mit der Wallfahrtskirche Madonna del Sasso

›

Neben dem Kreuzweg führt auch ein Treppenweg, der in einer Schlucht angelegt ist, zur Wallfahrtskirche.

Auch in der Schweiz gibt es zwei Sacri Monti. Der eine liegt oberhalb von Brissago in einem nach ihm benannten Tal (Valle del Sacro Monte). Auf einem Geländevorsprung steht dort die Anfang des 18. Jahrhunderts errichtete und mit einem Kreuzweg erschlossene Kirche Santa Maria Addolorata. Wesentlich grösser dimensioniert ist das Pendant in Locarno. Dessen Gründung geht auf das Jahr 1480 zurück. In jenem Jahr erlebte dort der Franziskanermönch Bartolomeo Piatti eine Marienerscheinung. In der Folge wurden auf dem rundherum abschüssigen Felssporn zunächst die Kirche Santa Maria Assunta (Maria Himmelfahrt) und ein Wohnhaus für die Klosterbrüder angelegt. Fünfzig Jahre später errichtete man ein Franziskanerkloster. Dieses wurde im Zeichen des Kulturkampfs 1848 verstaatlicht und später dem Kapuzinerorden anvertraut. Die Kirche Madonna del Sasso (Unsere Liebe Frau vom Felsen) behielt ihre Funktion als bedeutendes Wallfahrtsziel unbeschadet von allen politischen Stürmen bei. Die Anlage wurde im Laufe der Jahrhunderte in mehreren Ausbauschritten ergänzt und erweitert. So wurden 1621 ein Kreuzweg und erste zusätzliche Kapellen angelegt. Später folgten weitere Kapellen, von denen mehrere mit Gemälden, Holzstatuen und Terrakottafiguren reich ausgeschmückt sind.

Wer am Bahnhof Locarno den Blick nach Orselina richtet, nimmt die Wallfahrtskirche als eher unscheinbares Bauwerk am Hang wahr. Wesentlich prominenter treten demgegenüber die hinter ihr stehenden Masten der Luftseilbahn nach Cardada in Erscheinung. Die tatsächlichen Dimensionen des Gebäudekomplexes lassen sich erst erkennen, wenn man etwas oberhalb davon bei der Bergstation der Standseilbahn oder bei der Cappella della Resurrezione steht. Dort zeigt sich, wie prachtvoll und malerisch die Baugruppe ausgestaltet ist.

Auf Trottoirs geht es vom Sacro Monte weiter nach Monti della Trinità. Man braucht allerdings nicht zwingend der Strasse entlang zu marschieren, sondern kann den Spazierweg einige Meter weiter unten am Hang nutzen. Später führt ein Treppenweg steil den Hang hoch, und schon bald geht es in den Kastanienwald. Zuvor lohnt es sich, einen Blick zurückzuwerfen auf das breite Delta der Maggia und das Seebecken von Ascona mit den Brissago-Inseln im Hintergrund.

In leichtem Auf und Ab geht es nun auf einem schmalen Fussweg durch den Wald. Ab und zu wird ein Bächlein überquert, dann wieder lädt eine Sitzbank zu aussichtsreicher Rast ein. Bei Eco stösst der Wanderweg zurück an die Grenze des Siedlungsgebiets, führt eine Weile zwischen den Häusern hindurch und steigt dann zur Wegkreuzung Ronco di Bosco

<
Inneres der Wallfahrtskirche mit Gnadenbild

>
In einer der Kapellen auf dem Sacro Monte wird das letzte Abendmahl mit lebensgrossen Terrakottafiguren dargestellt.

hoch. Ebenen Wegs auf schönen Naturpfaden, zwischendurch aber auch auf einer asphaltierten Strasse aufsteigend, geht es durch den Wald weiter zur Capèla rota. Die «verlassene Kapelle» wurde im frühen 17. Jahrhundert mit Natursteinen errichtet, infolge mehrerer Epidemien aber nie vollendet.

Wenig später überquert der «Pont del Sipp» in Form eines romanischen Steinbogens den Bach Navegna. Von jetzt an geht es abwärts, vorerst sanft auf einem Waldweg, danach etwas steiler auf einem Asphaltsträsschen, schliesslich mit markantem Gefälle auf langen Treppenwegen.

Die Vegetation zeigt jetzt ausgeprägt südländische Züge und verströmt eine entsprechende Atmosphäre: Nicht nur Traubenstöcke und Olivenbäume säumen den Weg, auch zahlreiche Palmen sind zu sehen sowie da und dort eine Agave. An der Pfarrkirche San Bernardo in Contra vorbei steigt man zur Kapelle Beata Vergine ab und erreicht über die Salita della Fraccia den Dorfkern von Tenero.

Kreuzweg nach
Madonna del Sasso

Die Route digital
für unterwegs.

Schwierigkeit
T1

Strecke
10,8 km

Höhendifferenz
570 m Auf- und Abstieg

Wanderzeit
3¾ Std.

Anteil Naturbelag
70 %

Ausgangspunkt
Locarno (Bahn)

Endpunkt
Tenero (Bahn)

Einkehren
Ristorante Senza Punti, Contra (besondere
Öffnungszeiten beachten)

Pont del Sipp

Ideale Jahreszeit
Ganzjährig begehbar

Route
Vom Bahnhof Locarno (205 m) spaziert man
Richtung Altstadt und zweigt kurz vor der Piazza
Grande in die Via delle Monache ab. Die Via
Crucis (Kreuzweg) führt steil zur Wallfahrtskirche
Madonna del Sasso (343 m) hinauf. Über Eco
und Ronco di Bosco geht es auf dem Höhenweg
«Collina alta» zur Capèla rota und weiter zum
Pont del Sipp (633 m), wo der Abstieg zurück
in die Ebene beginnt. Dieser führt via Contra nach
Tenero (204 m).

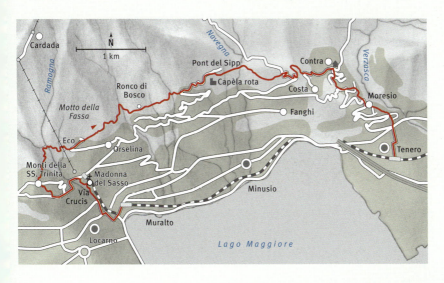

Vom Zirkelshubel
bei Schmitten FR geht
die Sicht über die
Freiburger Voralpen
bis zur Alpenkette.

Westschweiz und Jura

Auf dem Glasmalereiweg zur Jungfer vom Hagedorn

22

Chapelle Notre-Dame de l'Epine, Berlens

Vielfältig zeigt sich die Landschaft auf der Wanderung durch das Hügelgebiet des Freiburger Mittellands. Ein Teil der Strecke verläuft auf dem Circuit du Vitrail, der zu verschiedenen Kirchen mit bemerkenswerten Glasmalereien führt. Ein herausragendes Schmuckstück ist die Wallfahrtskapelle in Berlens.

Im hügeligen Hinterland von Romont liegt das Dörfchen Berlens. Seit dem Mittelalter zieht es Pilgerinnen und Pilger an, die dort in der Kapelle Notre-Dame de l'Epine (Unsere Liebe Frau vom Hagedorn) um Beistand bitten. Der Name des Gotteshauses geht auf eine (historisch nicht verbürgte) Marienerscheinung zurück. Nach der Überlieferung soll dort die Muttergottes in einem Dornbusch erschienen sein.

Das Kirchlein verfügt über eine etwas makabre Besonderheit, nämlich ein frei einsehbares Beinhaus an der friedhofseitigen Aussenwand. Die Schädel und Knochen, die in einer Nische an der Kirchenwand hinter einem Gitter ruhen, sind Wind und Wetter ausgesetzt. Mit einer lateinisch-französischen Inschrift werden die hier Vorbeiziehenden an die Vergänglichkeit des Lebens gemahnt: «Ihr seid, was wir waren. Ihr werdet, was wir sind.»

Die Kapelle steht auf den Fundamenten eines romanischen Vorgängerbaus. Im Laufe der Jahrhunderte wurde sie mehrmals umgebaut. Nach einem Brand hat man das Kirchenschiff Mitte des 17. Jahrhunderts neu errichtet, mit einem Tonnengewölbe gedeckt und dieses mit Blattwerk und Engelsfiguren bemalt. Im Chor nimmt die grosse Marienfigur eine prominente Position ein.

Beredtes Zeugnis des Pilgerwesens sind verschiedene Votivobjekte in Form von kleinen Metallplaketten, die in einem Schaukasten an der Seitenwand hängen. Manche davon sind aus Silber gefertigt und stellen Augen oder andere Körperteile dar. Gläubige haben damit die Heilung ihrer Leiden bekundet. Nach dem Volksglauben vermag der sogenannte Augensegen der Jungfer vom Hagedorn Augenleiden zu lindern und eingeschränkte Sehkraft zu bessern.

‹
Bei Pra de Fera

›
Eglise Saint-Maurice
in Grangettes

Ein besonderer Blickfang sind die farbenprächtigen Glasmalereien des französischen Malers Jean Bazaine. Sie thematisieren den Dornbusch, in dem Maria erschienen sein soll. Die zeitgenössischen Kirchenfenster machen Berlens zu einer lohnenden Station auf dem Circuit du Vitrail. Der Rundweg führt zu verschiedenen Sakralbauten in der Umgebung des Städtchens und thematisiert damit ein Kulturgut, dem in der Region einst grosse Bedeutung zukam.

Glas ist eine der ersten (und zugleich dauerhaftesten) künstlichen Substanzen, die der Mensch hervorgebracht hat. Bereits in Mesopotamien und im alten Ägypten gab es Glasperlen. In römischer Zeit kamen nach der Erfindung des Glasblasens Gefässe aus Glas sowie Fensterglas in Gebrauch. Wenige Jahrhunderte später hielt mit der Glasmalerei auch Farbe Einzug in die Glasfertigung. Die neuartige Technik wurde anfänglich vor allem im sakralen Bereich eingesetzt. Im Hoch- und Spätmittelalter erlebte sie ihre eigentliche Blütezeit. In unzähligen gotischen Kirchen Europas finden sich biblische Szenen auf kunstvoll gestalteten Fenstern.

Der Circuit du Vitrail ist zwar ein Rundweg (er beginnt und endet in Romont), man muss ihn aber nicht zwingend als Rundtour begehen. Ein grösserer Teil davon lässt sich gut in eine Wanderung integrieren, die landschaftlich mehr Abwechslung bietet und einen deutlich geringeren

Hartbelagsanteil aufweist. Ausgangspunkt ist der Campingplatz oberhalb von Sorens. Das Campingareal wird auf einem kurzen Abschnitt entlang der Strasse und danach auf einem Wiesenweg grossräumig umgangen. Der folgende rund zwei Kilometer lange Abschnitt im Wald verläuft auf dem «Sentier des Sculptures à la tronçonneuse du Gibloux»; ihn säumen Dutzende von Holzskulpturen, die mit Motorsägen hergestellt wurden.

Danach folgt eine sehr schöne und abwechslungsreiche Passage. Via Pra de Fera geht es über Wiesenland, an abgelegenen Bauernhöfen und kleinen Gehölzen vorbei. Etwas eintönig ist einzig der knapp halbstündige Abstieg auf Asphalt oberhalb des Ruisseau du Mausson. Umso reizvoller sind anschliessend die Durchquerung des Tobels und der sanfte Abstieg über Wiesen und Weiden nach La Neirigue. Dazwischen passiert man das Dörfchen Grangettes; am Weg liegt die Eglise Saint-Maurice. Die kleine Dorfkirche ist mit prachtvollen zeitgenössischen Glasmalereien des italienischen Künstlers Anselmo Francesconi ausgestattet.

Leider durchwegs auf Asphalt verläuft der rund einen Kilometer lange Aufstieg nach Berlens. Er weist zwar nur eine mässige Steigung auf, ist aber mit seiner Südlage stark sonnenexponiert und kann daher bei heissem Wetter eine kräftig schweisstreibende Wirkung haben. In Berlens lohnt es sich, nicht nur die Wallfahrtskapelle aufzusuchen, sondern auch die am Weg liegende neuere Dorfkirche von 1962 zu besichtigen. Sie wurde als Betonbau im modernen Stil errichtet. Dazu passen die schlichten Glasmalereien der Seitenfenster, die ineinandergreifende Rechtecke zeigen.

Ein weiterer landschaftlich sehr reizvoller Abschnitt führt über Acker- und Wiesenland an den Gehöften Mottex und La Montagne vorbei. Dabei

‹

Im Tobel des Ruisseau du Mausson

›

Glasfenster in der Abbaye de la Fille-Dieu

zeichnet sich zusehends deutlich die markante Silhouette von Romont ab. Die Türme und Häuser der Altstadt liegen erhöht auf einem Hügel.

Beim Flüsschen Glâne erreicht man den tiefsten Punkt der Wanderung. Hier empfiehlt es sich, nicht direkt nach Romont abzuzweigen, sondern einen kleinen Umweg zum Zisterzienserinnenkloster Abbaye de la Fille-Dieu einzuschalten. Die Klosterkirche wurde in den 1990er-Jahren renoviert und mit ausdrucksstarken Glasmalereien des britischen Malers Brian Clarke versehen.

Der Circuit du Vitrail findet seinen Höhepunkt und Abschluss in der Collégiale Notre-Dame-de-l'Assomption in Romont. Die Kollegiatkirche stammt aus dem 15. Jahrhundert und ist mit vielfältigen Glasmalereien aus dem 14. und 15. sowie aus dem 19. und 20. Jahrhundert bestückt. Gleich gegenüber befindet sich das Schloss Romont. Dort ist unter anderem das Schweizer Museum für Glasmalerei und Glaskunst untergebracht, das über die landesweit grösste Sammlung mittelalterlicher Glasmalerei verfügt.

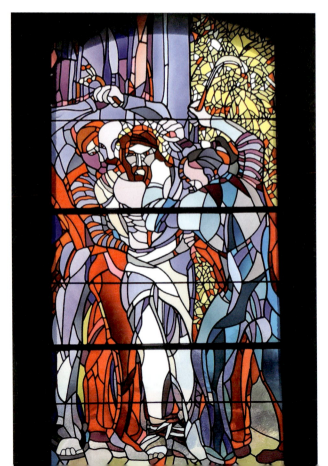

Fenster in der Kirche
Saint-Maurice in
Les Grangettes

Die Route digital
für unterwegs.

Schwierigkeit
T1

Strecke
16,3 km

Höhendifferenz
340 m Aufstieg, 660 m Abstieg

Wanderzeit
4 ¼ Std.

Anteil Naturbelag
70 %

Ausgangspunkt
Sorens, Camping (Bus)

Endpunkt
Romont FR (Bahn)

Einkehren
Auberge du Pélerin, Berlens

Wehrtürme und Ringmauern prägen das Gesicht
des historischen Kerns von Romont.

Ideale Jahreszeit
Anfang Mai bis Ende November

Route
Vom Campingplatz Sorens (1021 m) wandert man
zunächst auf dem mit Holzskulpturen bestückten
Themenweg «Sentier des Sculptures à la
tronçonneuse du Gibloux» durch den Wald in
Richtung Pra de Fera. An der Eglise Saint-Maurice
in Grangettes (813 m) vorbei und über La Neirigue
(742 m) gelangt man nach Berlens (821 m). Via
Mottex geht es zur Abbaye de la Fille-Dieu
(694 m), von dort hinauf in die Altstadt von
Romont (781 m) und wieder hinunter zum Bahnhof
des Städtchens (709 m).

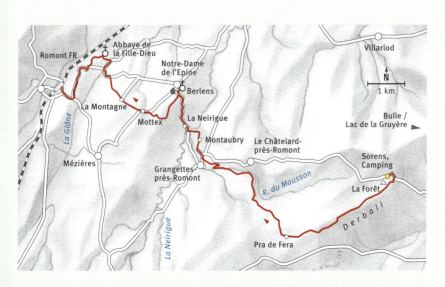

Das Siechenhaus am Rand der Schlucht

23

Notre Dame du Carmel, Bourguillon

Am unteren Ende der Altstadt von Freiburg beginnt die Wildnis. Zwischen mächtigen Sandsteinklippen öffnet sich die wilde und eindrückliche Schlucht des Galterengrabens. Unweit davon liegt die Wallfahrtskapelle von Bourguillon, die als bedeutendster Pilgerort der Westschweiz gilt.

Den Galterenbach und sein Tal kennt man dank dem regionalen Eishockeyclub auch in der Deutschschweiz primär unter seinem französischen Namen: Gottéron. Die Galtera, wie das Gewässer im örtlichen Dialekt genannt wird, entwässert die Hochebene südöstlich der Stadt Freiburg. Meist kommt sie als schmächtig-harmloses Wässerchen daher. Nach Gewittern und starkem Regen kann sie jedoch zu einem reissenden Wildbach anschwellen.

Im Laufe der Zeit hat sich der Galterenbach auf den letzten vier Kilometern seines Laufs bis zu 150 Meter tief in den Sandstein eingegraben und auf diese Weise eine ebenso interessante wie malerische Schlucht geschaffen. Der Länge nach wird diese von einem Wanderweg durchzogen. Wenn man ihn talaufwärts beschreitet, legt man eine spannende Reise vom lauten städtischen Treiben in die Stille einer grandiosen Naturlandschaft zurück.

Die Tour beginnt als Stadtwanderung im Zentrum von Freiburg. Vom Bahnhofplatz folgt man dem Wanderweg, der Richtung Freiburg/Balm signalisiert ist. Er führt über die Avenue de la Gare, die Rue de Romont und die Rue de Lausanne quer durch die Stadt. Bei der Place de l'Hôtel de Ville wird die vielbefahrene Rue des Alpes überquert; hinter der Kathedrale gelangt man durch die Grand-Rue (Reichengasse) zum tiefer liegenden Teil der Altstadt. Steil hinunter geht es durch den Stalden und die Rue de la

‹
Blick über die Saane hinweg zur Freiburger Neustadt

›
Altstadt Freiburg

Der Galterengraben:
Wildnis vor den
Toren der Stadt

Samaritaine zum Klein-St.-Johann-Platz, dann links hinüber zur gedeckten Holzbrücke Pont de Berne, et voilà: Im Gebiet Balm mündet der Galterenbach in die Saane.

«Galterengraben/Ameismüli» verheisst die gelbe Wanderwegtafel an der Rue des Forgerons. Von einem richtigen Wanderweg kann allerdings noch nicht die Rede sein: Zunächst marschiert man auf einer normalen Stadtstrasse. Doch nach einer Weile wird die Umgebung zusehends grün, das Tal verengt sich, und auf beiden Seiten des Wasserlaufs erheben sich hohe Sandsteinflühe.

Kurz nach der Pinte des Trois Canards geht das Asphaltsträsschen in einen schönen Kiesweg über, der sich bald weiter verengt und schliesslich in einen schmalen Waldpfad mündet. Immer wilder wird die Landschaft, bis man sich schliesslich in einem Dschungel wähnt. Zwischen Felsblöcken, morschem Altholz und üppig wuchernden Bäumen ziehen sich der Galterenbach und mehrere seiner Zuflüsse dahin.

Auf Stegen und Brücken, über Holztreppen und auf schmalen Waldpfaden, sogar unter überhängenden Felswänden durchquert man die grossartige Wildnis. Zwischendurch wird das Gelände etwas steiler; kleinere Kinder nimmt man da gerne an die Hand. An manchen Stellen, wo der Einschnitt etwas offener ist, stehen Rastplätze mit Holztischen und Bänken zur Verfügung. Beim Weiler Ameismühle endet die Schlucht.

Auf dem Rückweg führt die Rundwanderung nach Bourguillon. Das Dorf wird auf Deutsch Bürglen genannt und ist Teil der Stadt Freiburg. Direkt am Weg liegt die Kapelle «Unsere Liebe Frau von Bürglen». Sie geht auf ein mittelalterliches Siechenhaus zurück — einer Einrichtung, in der an Aussatz (Lepra) erkrankte Menschen abgesondert leben mussten. Sie waren wegen ihrer zwar nicht tödlichen, damals aber noch nicht heilbaren Krankheit entstellt. In der Gesellschaft hatten sie deshalb einen zwiespältigen Status: Einerseits wurden sie verachtet und misshandelt, andererseits galten sie für viele gerade wegen ihres Leidens und ihres Eingesperrtseins als begehrte Fürbitter vor Gott.

Ob ein solcher Umstand die Entstehung einer Wallfahrt zu diesem Ort begünstigte, ist nicht geklärt. Jedenfalls wurde im 15. Jahrhundert gegenüber dem Siechenhaus an der Stelle eines romanischen Vorgängerbaus eine gotische Marienkapelle errichtet, die schon bald zu einem viel besuchten Pilgerziel wurde. Seither wird dort ein Gnadenbild in Form einer Madonnenstatue aus dem 14. Jahrhundert verehrt; dieses stammte ursprünglich aus dem Siechenhaus, wo es den Kranken Trost und Heilung bringen sollte.

Ab dem 15. Jahrhundert ging der Aussatz in Europa allmählich zurück; die Gründe dafür sind unklar. Das Siechenhaus wurde in der Folge zu einem Kranken- und Armenhaus umfunktioniert. 1838 wurde es abgetragen und durch das noch heute bestehende Gasthaus Aux Trois Tours gegenüber der Kapelle ersetzt. Ein alter Gewölbekeller des einstigen Siechenhauses hat sich jedoch bis in die heutigen Tage erhalten.

Über dem Hauptportal der Kapelle verkündet ein Schriftzug in grossen Lettern: «In diesem Heiligtum hat Maria viele Wunder gewirkt.» Von erhörten Gebeten zeugen auch zahlreiche Votivtafeln im Inneren der Kapelle. Da erfährt man etwa von einem achtjährigen Knaben, dem 1933 ein Wagen («800 Kilo schwer») über die Beine fuhr. Nachdem der Vater von der «Lieben Frau von Bürglen» Beistand erfleht hatte, zeigte sich, dass das Kind, von einigen Kratzern abgesehen, weder Knochenbrüche noch andere Schäden davongetragen hatte.

Wallfahrtskapelle Bourguillon

Überhängende Sandsteinfluh im Galterengraben

Die Route digital
für unterwegs

Schwierigkeit
T1

Strecke
12,5 km

Höhendifferenz
420 m Aufstieg, 420 m Abstieg

Wanderzeit
3 ½ Std.

Anteil Naturbelag
50 %

Ausgangs- und Endpunkt
Fribourg/Freiburg (Bahn)

Einkehren
Pinte des Trois Canards, Fribourg

Ideale Jahreszeit
Mitte April bis Mitte November

Route

Vom Bahnhof Freiburg (629 m) geht es quer durch die Stadt zur Place de l'Hôtel de Ville und an der Kathedrale vorbei in den unteren Teil der Altstadt. Beim Pont de Berne wird die Sarine/Saane überquert, auf der gegenüberliegenden Flussseite gelangt man bei Palme/Balm (537 m) in den Gottéron/Galterengraben. Anfänglich nur unmerklich aufsteigend, dann in wiederholtem Auf und Ab folgt man dem Galterenbach taleinwärts bis Ameismühle (614 m). Über die weiten, offenen Felder der Schürmatt und durch das Tannholz (718 m) gelangt man nach Bourguillon/Bürglen (656 m). Das wohl unattraktivste Teilstück der Wanderung ist der rund 600 Meter lange Abschnitt auf dem Trottoir der Hauptstrasse entlang bis zum Sentier du Dürrenbuhl. Danach führt ein steiler Treppenweg an der St.-Beatus-Kapelle vorüber nach Balm hinunter. Weil rund die Hälfte der Strecke im Siedlungsgebiet liegt, weist die Wanderroute relativ viel Hartbelag auf.

Künstliche Höhle an künstlichem See

24

Magdalena-Einsiedelei, Düdingen

In einer Felswand am Schiffenensee verbirgt sich mit der Magdalena-Einsiedelei eine einmalige Sehenswürdigkeit. Die Anlage besteht aus mehreren grossen Räumen, die aus dem Sandstein gehauen wurden. Die Klause ist der
Höhepunkt einer Rundwanderung mit Ausgangspunkt Düdingen.

Eine der ungewöhnlichsten Sakralbauten der Schweiz liegt hoch über dem
Schiffenensee im Freiburger Mittelland. In der Sandsteinfluh ist eine
Klause eingerichtet, die aus mehreren hintereinander angeordneten Räumen besteht. Zusammengezählt sind diese rund 120 Meter lang. Die Anlage umfasst eine Kapelle, einen noch grösseren, heute leerstehenden kir-

chenschiffähnlichen Saal sowie mehrere einstige Wohnräume. Seit dem 15. Jahrhundert lebten Einsiedler an diesem einmaligen Ort; vermutlich hatte die Stätte aber schon früher als Schutzhöhle gedient. Die heutige Gestalt der Anlage geht primär auf zwei Einsiedler zurück, die dort im ausgehenden 17. Jahrhundert lebten. Sie brachen im Sandstein einen grossen Teil des heutigen Raumvolumens aus und trieben sogar einen Glockenturm in die Fluh. Die Kapelle wurde 1691 geweiht. Laut der Überlieferung war die Magdalena-Einsiedelei während Jahrhunderten ein viel besuchter Wallfahrtsort. Noch um 1920 sollen an schönen Sonntagen jeweils 300 bis 400 Personen zur Klause gepilgert sein.

Der ungewöhnliche Schauplatz lässt sich auf einer leichten Rundwanderung erreichen, die beim Bahnhof Düdingen beginnt. Ein Schotterweg senkt sich zunächst ins Toggeliloch und führt dann durch das Tobel des Düdingerbachs, das passenderweise das Stille Tal genannt wird. Durch den Wald geht es zu einem Seitenarm des Schiffenensees und durch einen Hohlweg nach Ottisberg hinauf. Dort marschiert man über eine aussichtsreiche Hochebene. Danach senkt sich der Weg langsam gegen den See hin.

Der Schiffenensee wurde Anfang der 1960er-Jahre künstlich angelegt. Mit einer Staumauer bei Schiffenen wird das Wasser der Saane aufgestaut und zur Stromproduktion nutzbar gemacht. Der fjordartige See ist rund 13 Kilometer lang und bis zu 500 Meter breit. An der tiefsten Stelle liegt der Seegrund 38 Meter unter der Wasseroberfläche.

Der Einschnitt bildet einen Teil der Sprachgrenze zwischen dem deutsch- und dem französischsprachigen Teil des Kantons Freiburg. Man könnte es so formulieren, dass hier der Röstigraben mit Wasser aufgefüllt

‹
Düdinger Moos

›
Der grösste Raum der Magdalena-Einsiedelei weist stattliche Dimensionen auf.

wurde. Wo sich heute Wellen kräuseln, erstreckte sich früher ein weites, landwirtschaftlich genutztes Tal. Durch das Aufstauen des Flusses wurden mehr als vier Quadratkilometer Boden überflutet, darunter der vom 17. bis ins 19. Jahrhundert als Kurort bekannte Weiler Bad Bonn.

Der Wanderweg wahrt fast durchwegs Abstand vom See. Nur auf einem wenige Hundert Meter langen Abschnitt verläuft er direkt dem Ufer entlang, entfernt sich danach erneut vom Wasser und beginnt gegen den Weiler Wittenbach wieder zu steigen. Kurz vor der Überführung über die Autobahn ist die Abzweigung zur Magdalena-Einsiedelei ausgeschildert.

Die Klause war bis in die 1960er-Jahre von Eremiten bewohnt. Seither ist sie verlassen. In der Kapelle werden jedoch auch heute ab und zu Gottesdienste durchgeführt. So einzigartig der Schauplatz auch ist – die Geräuschkulisse will nicht so recht zu diesem Ort der Einkehr und Besinnung passen, denn unweit der Einsiedelei saust der motorisierte Verkehr laut und monoton über die nahe Autobahnbrücke.

Auf dem offiziellen Wanderweg würde man von der Magdalena-Einsiedelei in einem weiten Bogen via Balliswil zurück nach Düdingen gelangen. Als Alternative empfiehlt sich der mit weissen Tafeln signalisierte Fussweg, der über den Weiler Räsch zum Düdinger Moos führt. In den Naturschutzgebieten Garmiswilmoos, Düdingermoos und Ottisbergmoos laden schmale Pfade dazu ein, die Moorlandschaft abseits asphaltierter Strecken zu erkunden. Allerdings darf man die Wege nicht verlassen, damit die trittempfindlichen Flächen nicht beeinträchtigt werden. Ein kleiner Beobachtungsturm (die Aussichtsplattform ist über Leitern erreichbar) erlaubt einen guten Überblick über die Teiche, Feuchtgebiete und Gehölze der Gegend.

Der Eingang zur
Einsiedelei

Durch die früheren Fenster- und Türöffnungen
geht die Sicht auf den
Schiffenensee.

Die Route digital
für unterwegs.

Schwierigkeit
T1

Strecke
12,2 km

Höhendifferenz
250 m Auf- und Abstieg

Wanderzeit
3 ¼ Std.

Anteil Naturbelag
60 %

Ausgangs- und Endpunkt
Düdingen (Bahn)

Einkehren
Gaststätten in Düdingen

Einer senkrechten Sandsteinfluh entlang führt
der Treppenabgang zur Einsiedelei.

Ideale Jahreszeit
Ganzjährig begehbar

Route
Die Rundwanderung zum Schiffenensee beginnt
beim Wegweiserstandort Düdingen/Ziegelei
(596 m) auf der Nordwestseite der Bahngeleise.
Via Toggeliloch und Düdingerbach-Tobel geht es
nach Ottisberg und an den Schiffenensee (535 m),
danach an erhöhter Lage oberhalb des Sees via
Wittenbach zur Magdalena-Einsiedelei (559 m).
Durch das Düdinger Moos und über den Toggeli-
lochsteg gelangt man zurück zum Bahnhof
Düdingen.

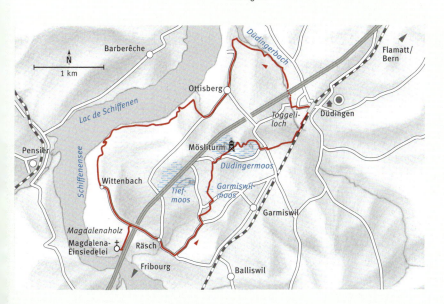

Ruine du Château
de Montagny

Ein Stück Portugal im Freiburgerland

25

Notre Dame de Fatima, Ponthaux

Das Hinterland im Westen der Stadt Freiburg ist eine ländliche, dünn besiedelte Gegend. Dort liegt eine bemerkenswerte Wallfahrtsstätte. Die Marienkapelle von Ponthaux wurde von portugiesischen Pilgern zu einem kleinen Ableger des Wallfahrtsorts Fátima umfunktioniert. Auf der Wanderung von Grolley nach Cousset kommt man daran vorbei.

Im 5. Jahrhundert, also bereits lange Zeit, nachdem Jesus am Kreuz gestorben war, entstand in der christlichen Kirche ein neues Fest zum Gedenken an den Tod seiner Mutter. Die noch junge und weiterhin wachsende Religionsgemeinschaft wählte dafür mit dem 15. August bewusst einen der höchsten römischen Feiertage. Fortan beging man an diesem Tag nicht mehr die Triumphe des Kaisers Augustus, sondern die Dormitio (das Entschlafen) Marias und ihre Aufnahme in den Himmel.

In unzähligen Kapellen, die unter der Schutzherrschaft Marias stehen, wird seither dieses Ereignisses mit Gottesdiensten und Prozessionen gedacht. Im Bauerndorf Ponthaux im Freiburger Mittelland errichtete man 1959 zu diesem Zweck eine am Waldrand liegende Marienkapelle, die sich alsbald zu einem regionalen Wallfahrtsziel entwickelte. Jeweils am 15. August fand eine nächtliche Prozession in Form eines Fackelzugs vom Dorf zur Kapelle statt.

Im Laufe der Zeit ging die Teilnahme an dieser Aktivität mehr und mehr zurück, bis sie praktisch einen Nullpunkt erreichte. Doch um die Jahrtausendwende trat eine interessante Wendung ein. Gebürtige Portugiesinnen und Portugiesen, die in der Region lebten, entdeckten die Stätte als Pilgerort und verhalfen ihr zu einem neuen Aufschwung, indem sie Prozessionen dorthin veranstalteten und diese mit der Erinnerung an die Marienerscheinungen von Fátima verknüpften. In der portugiesischen Kleinstadt hatten drei Kinder 1917 mehrere solche Erscheinungen erlebt; wenige Jahre danach war dort eine Wallfahrtskirche errichtet worden, die sich alsbald zum wichtigsten Pilgerziel des Landes entwickelte.

Für den Freiburger Ableger der Fátima-Pilgergemeinschaft sind zwar, im Unterschied zur portugiesischen Wallfahrtsstätte, keine wundertätigen Heilungen bezeugt. Dennoch übt die kleine Gebetsstätte «Unsere Liebe Frau von Fátima» eine starke Anziehungskraft aus: An der grossen Prozession Ende Mai beteiligen sich jeweils mehrere Hundert Gläubige. Doch auch von der Bevölkerung der umliegenden Dörfer und von Durchreisenden wird das Oratorium rege besucht.

Die Marienkapelle liegt direkt am Wanderweg, der Ponthaux mit Montagny verbindet. Sie lässt sich deshalb gut im Rahmen einer leichten Wanderung erkunden. Als Ausgangspunkt eignet sich Grolley. Der Weg nach Ponthaux führt durch Nierlet-les-Bois, wo sich eine kleine Kapelle befindet, die dem heiligen Gorgonius geweiht ist. Zwei Votivtafeln zeigen, dass hier die heilige Thérèse von Lisieux verehrt wird. Ihre Statue steht links des Altars. Unter dem Sockel finden sich gleich drei Spendenkassen: Gesammelt wird separat für die Kapelle, die Heilige und die Opferkerzen.

Die Marienkapelle von Ponthaux erreicht man nach der Durchquerung des Dorfs. Die frei von Seitenwänden gebaute Kapelle liegt am Waldrand des Bois de la Faye. In ihrer Umgebung und am Waldrand gibt es mehrere Holzbänke, die sich für eine Rast anbieten.

Fatima-Kapelle
Ponthaux

Einem weiteren interessanten Schauplatz begegnet man bei Les Arbognes. Auf einem markanten Hügel steht ein hoher Turm. Er ist das einzige noch erhaltene Zeugnis einer einst mächtigen Burganlage. Der Ort war bereits in der Steinzeit besiedelt. Im 12. Jahrhundert errichteten dort die Herren von Montagny eine erste einfache Burg, die im Laufe der Zeit zu einer stattlichen Anlage ausgebaut wurde. Nachdem sie in den Besitz von Freiburg gelangt war, diente sie jahrhundertelang als Vogteisitz.

Nach dem Einmarsch der napoleonischen Truppen und dem Sturz der alten Ordnung nutzte man das stattliche Anwesen als Steinbruch, sodass es innert weniger Jahre zerfiel. Nur vereinzelte Mauerreste lassen heute auf die einstigen Dimensionen der Burganlage schliessen. Einzig der Wehrturm aus dem 13. Jahrhundert ist noch erhalten. Er kann von Ostern bis Allerheiligen jeweils samstags und sonntags besucht werden. Eine Metalltreppe führt von aussen zum Eingangstor, das neun Meter über dem Boden liegt und früher nur mit Leitern zugänglich war. Im Inneren des Turms geht es weiter hinauf zu einer Plattform, die eine eindrückliche Aussicht auf die umliegenden Wälder und Dörfer bietet. Am Fuss des Turms laden Holztische, Bänke und ein Brunnen zur Rast ein.

Eine beachtliche Grösse weist die unterhalb der Schlossruine liegende Dorfkirche auf. Bereits im 14. Jahrhundert war dort eine Schlosskapelle errichtet worden. Diese wurde 1760 um ein grosses Schiff erweitert. Farbenfrohe Glasmalereien bringen den eher düsteren gotischen Winkel gut zur Geltung und verdeutlichen den Kontrast zum hellen und geräumigen Hauptraum.

Die Route digital
für unterwegs.

Schwierigkeit
T1

Strecke
12,6 km

Höhendifferenz
210 m Aufstieg, 340 m Abstieg

Wanderzeit
3 ¼ Std.

Anteil Naturbelag
70 %

Ausgangspunkt
Grolley (Bahn)

Endpunkt
Cousset (Bahn)

Einkehren
Restaurant des Blés d'Or, Ponthaux

Ideale Jahreszeit
Ganzjährig begehbar

Route
Vom Ende des Siedlungsgebiets von Grolley
(611 m) geht es zur Forêt de l'Etat (Staatswald)
und weiter zum Bauerndorf Nierlet-les-Bois
(674 m). Danach folgt ein landschaftlich sehr
schöner Abschnitt. Auf Naturwegen über
Wiesenland und vorbei an Wäldern gelangt man
nach Ponthaux. Nördlich des Dorfs liegt der Bois
de la Faye, wo die Kapelle Notre-Dame de Fatima
(661 m) steht. Durch das Waldgebiet Bois de la
Bandeire geht es leicht absteigend nach Les
Arbognes. Hier lohnt sich ein Abstecher zur Ruine
du Château de Montagny (502 m). Der letzte
Abschnitt der Tour führt, dem Wasserlauf der
Arbogne folgend, nach Cousset (487 m).

Gorgonius-Kapelle in Nierlet-les-Bois

Auf Jakobs-Abwegen

26

Mühletalkapelle, Schmitten

Es gibt nicht *den* Jakobsweg. Der Pilgerweg nach Santiago de Compostela besteht vielmehr aus verschiedenen Ästen und teilweise parallel verlaufenden Varianten. Das lässt sich auf der Wanderung von Schwarzenburg nach Schmitten unschwer erkennen. Dass sich Wallfahrt auch lokal abspielen kann, zeigt die am Weg liegende Mühletalkapelle.

Der Fall scheint klar und einfach zu sein: Der Jakobsweg ist ein internationaler Fernwanderweg, der bei Konstanz in die Schweiz mündet, quer durch das Land führt und es bei Genf wieder verlässt. So sieht es jedenfalls aus, wenn man eine Karte mit dem Verlauf der Via Jacobi, der nationalen

Wanderroute Nr. 4, betrachtet. Die Realität ist komplizierter, denn der Jakobsweg besteht in der Schweiz (wie auch in anderen Ländern) aus mehreren Teilrouten, die auseinandergehen und später wieder zusammenkommen. So durchquert eine der Linien das Berner Oberland, eine andere das Emmental. Nicht genug damit: Es gibt auch Zugänge ab Basel durch das Drei-Seen-Land oder von Graubünden via Oberalp, Furka und Wallis. Sie sind nicht Teil der modernen Via Jacobi, wurden aber seit dem Mittelalter für die Pilgerfahrt nach Santiago genutzt.

Ebenfalls inoffiziell sind viele weitere lokale Nebenrouten, Verästelungen und Varianten. Einer davon begegnet man auf der Wanderung von Schwarzenburg nach Schmitten. Die Tour beginnt auf der Berner Seite der Sense und damit in einem Teil der Schweiz, in dem es aufgrund der Reformation seit bald einem halben Jahrtausend keine Wallfahrten mehr gibt und die christliche Religion auch in anderen Bereichen anders praktiziert wird als in katholischen Gebieten.

Bis zum Weiler Wart verläuft die Wanderung auf Asphalt beziehungsweise auf einem Schotterweg neben einem Landwirtschaftssträsschen. Danach zweigt man auf einen Naturweg ab, der sich, zusehends steiler werdend, in den Wald und gegen die Sense hin senkt. Die letzten hundert Meter des Abstiegs zur Thorenöle verlaufen in einem Hohlweg, der in den Sandstein eingetieft und mit grossen Flusssteinen gepflästert ist. Der Abschnitt ist ein herausragendes Beispiel alter Wegebaukunst. Im Inven-

‹
Die Mühletalkapelle
auf dem Zirkelshubel

›
Auf dem Weg von der
Burgruine Grasburg
nach Heitenried

tar der historischen Verkehrswege der Schweiz gehört er der Kategorie «von nationaler Bedeutung» an.

Sein nicht minder spektakuläres Gegenstück liegt auf der gegenüberliegenden Talseite. Es wird durchquert, nachdem man die Sense auf der in Holzbauweise errichteten, mit einem Giebeldach gedeckten Sodbachbrügg überquert hat und im Wald gegen Heitenried aufsteigt. Im Weideland eingangs des Dorfs begegnet man nun auch dem ersten Hinweis, dass man nicht nur die Kantons-, sondern auch eine Konfessionsgrenze überschritten hat: Am Weg steht ein Bildstock mit einer Statue des heiligen Jakob.

Im Raum Heitenried wandert man nochmals etwa anderthalb Kilometer auf Hartbelag; der Rest der Tour verläuft dann fast durchwegs auf Naturwegen. Bei der Kreuzung in der Dorfmitte verlässt man die Via Jacobi, schwenkt auf die Wanderroute ein, die in Richtung Wiler vor Holz markiert ist — um am Ortsausgang eine kleine Überraschung zu erleben: Auch diese Strecke gilt als Jakobsweg, wie ein Holzpfosten am Wegrand signalisiert, an dem die einschlägige Jakobsmuschel samt Inschrift «Les amis du chemin de St-Jacques suisse» angebracht ist.

Es handelt sich um einen schönen Abschnitt. Er verläuft zwar auf einem Strässchen, das allerdings nur mit Schotter gedeckt ist. Über offenes Gelände wandert man zum Dörfchen Wiler vor Holz und weiter zum Weiler Breitenried. Es lohnt sich, zwischendurch einen Blick zurückzuwerfen:

Den Horizont prägen die Silhouetten der Gantrischkette, der Kaiseregg und des Schwybergs.

Bei der Wegverzweigung Ledeu wechselt die Landschaft komplett. Der Weg senkt sich nun in den Tutzishausgraben, durch den der Ledeubach/ Lettiswilbach fliesst. Am Weg liegen eine alte Stampfe und eine historische Säge. Die Gegend wirkt wie aus der Zeit gefallen, denn der Wasserlauf ist unverbaut. Frei schlängelt sich der Bach durch den Wald und an Wiesen vorbei.

Nach einer Weile weitet sich das Gelände, der Bach mäandert nun durch den Zirkelsgraben. An dessen westlichem Abschluss muss man einige Hundert Meter der Hauptstrasse entlang nach Mühletal marschieren, danach geht es zum Zirkelshubel hinauf. Es lohnt sich, den kurzen Abstecher zur Mühletalkapelle zu unternehmen. Die Marienkapelle wurde 1912 errichtet und 1997 mit kunstvoll gestalteten Glasmalereien ausgestattet. Votivtafeln an der Rückwand zeigen, dass sie auch als Wallfahrtsziel genutzt wird. Die Kapelle lädt nicht nur zur Einkehr ein, sondern bietet mit ihren grossen Aussenbänken auch eine günstige und zugleich aussichtsreiche Gelegenheit, sich mit leiblicher Stärkung zu versorgen. Durch den Wald im Gebiet Unterholz und danach an Industriebauten vorüber gelangt man nach Schmitten.

In der Gegend gibt es übrigens eine weitere, ziemlich aussergewöhnliche Wallfahrtskapelle, die allerdings von Weitem viel weniger deutlich

<

Aufstieg zur Waldkapelle Heitenried

>

Innenansicht der Waldkapelle Heitenried

erkennbar ist als die Marienkapelle auf dem Zirkelshubel. Sie befindet sich im Magdalenaholz, einem bewaldeten Hügel nördlich von Heitenried. Um 1700 liess der damalige Dorfpfarrer dort in einer Sandsteinfluh drei kleine Kapellen ausbrechen.

Hochwürden war dabei geschäftstüchtig. Er bedingte sich aus, dass es weder dem Waldbesitzer noch den Pfarreiangehörigen gestattet sei, «zum Nachteil des Pfarrers einem Einsiedler dort Niederlassung oder priesterliche Aktivitäten zu gewähren». Die Einnahmenverteilung war schriftlich geregelt: «Die im Opferstock eingelegten Geldgaben kommen hälftig zum Pfarrer, hälftig dienen sie zum Unterhalt und zur Ausstattung der Kapellen, um die Messen würdig feiern zu können.» Nach der Chronik wurden der Kasse der Waldkapellen mit Bewilligung des Bischofs mehrmals beträchtliche Summen für die Anschaffung von Messgewändern, Kelchen und dergleichen entnommen.

Mitte des 19. Jahrhunderts verband man die nebeneinander liegenden Gewölbe zu einer einzigen, geräumigen Kapelle. Für Ortsunkundige ist der Standort nicht ohne Weiteres aufzufinden. Am einfachsten wandelt man die Route etwas ab und wandert nicht via Sodbachbrügg nach Heitenried, sondern schwenkt in Wart auf den Weg ein, der über die Burgruine Grasburg und den Harrisstäg nach Heitenried führt. Am Dorfeingang signalisiert ein Wegweiser den Aufstieg zur Waldkapelle. Von der Felsenkapelle geht es durch den Wald an zwei Bethäusern vorbei zur Dorfkirche hinunter.

Im Zirkelsgraben

Alte Wegebaukunst
bei der Thorenöle

Die Route digital
für unterwegs.

Schwierigkeit
T1

Strecke
14,2 km

Höhendifferenz
310 m Aufstieg, 500 m Abstieg

Wanderzeit
3 ¾ Std.

Anteil Naturbelag
75 %

Ausgangspunkt
Schwarzenburg (Bahn)

Endpunkt
Schmitten FR (Bahn)

Einkehren
Restaurant Sternen, Mühletal/Schmitten

Ideale Jahreszeit
Ganzjährig begehbar

Route
Der als SchweizMobil-Route 4 signalisierte Jakobsweg führt von Schwarzenburg (792 m) via Wart und Thorenöle zur Sense. Der Fluss wird auf der Sodbachbrügg (653 m) überquert. In Heitenried (762 m) verlässt man die Via Jacobi. Nun geht es via Wiler vor Holz und Breitenried nach Ledeu, wo man zum Tutzishausgraben abschwenkt, der schon bald in den Zirkelsgraben übergeht. Via Mühletal gelangt man auf den Zirkelshubel, wo sich die Mühletalkapelle befindet, und von da weiter nach Schmitten (606 m).
Eine reizvolle Variante der Tour führt ab Wart statt via Sodbrücke über die Grasburg und den Harris-stäg nach Heitenried, wo am Dorfeingang auf der Höhe der Fussballfelder die Abzweigung zur Wald-kapelle signalisiert ist. Die Tour verlängert sich dadurch um knapp zwei Kilometer beziehungs-weise eine halbe Stunde.

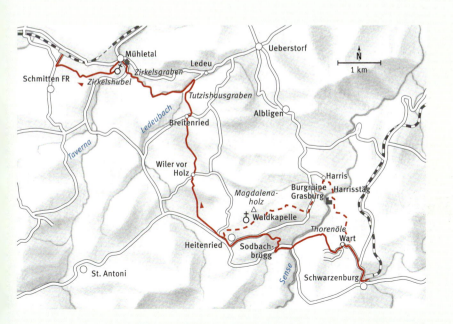

Vom Kulturkampf zur Bieridee

27

Kathedrale Notre-Dame, Genève

Die Wanderung entlang des Flüsschens Aire führt von der Landesgrenze ins Zentrum von Genf. Das Ziel ist der vom Verkehr umtoste Hauptbahnhof Genève-Cornavin; gleich nebenan liegt mit der Kathedrale Notre-Dame eine Oase der Stille. Um den ersten Pfarrer der Wallfahrtskirche tobte im 19. Jahrhundert ein heftiger Konflikt, der sich sogar im Getränkemarkt niederschlug.

Jean Calvin leistete gründliche Arbeit. Der Reformator setzte in Genf eine strenge Form des Protestantismus durch und brachte es zustande, dass in der Stadt lange Zeit keine katholischen Messen mehr gelesen werden durften. Nach fast 300 Jahren aber kam es zu einem abrupten Umschwung. Im revolutionären Frankreich wurde zunächst die Trennung von Kirche und Staat vollzogen und danach sogar das Christentum per Dekret abgeschafft. Doch dann trat Napoleon auf den Plan und erkannte, dass er seine Macht stärken konnte, indem er mit dem Papst ein Konkordat schloss. Auf vertraglicher Basis wurde 1801 im französischen Herrschaftsgebiet, zu dem damals auch Genf gehörte, formell die Religionsfreiheit eingeführt. Die Genfer Behörden waren dadurch verpflichtet, eine erste katholische Kirche auf Stadtgebiet (Saint-Germain) zu tolerieren.

Weil das Kirchlein bald an seine Kapazitätsgrenzen stiess, wurde ein halbes Jahrhundert später ausserhalb der Altstadt die Kathedrale Notre-Dame gebaut. Sie kam auf leerer Flur am Rand des Quartiers Cornavin zu stehen. Seither hat sich das Stadtgebiet dort stürmisch entwickelt. Heute tobt vielspurig der motorisierte Verkehr rings um den kleinen Park, in dem die Kirche steht. Umso eindrücklicher ist die Stille, die einen umfängt, wenn man, vom angrenzenden Hauptbahnhof her kommend, die Autokolonnen, die heulenden Motorräder und die dahinsausenden Stadtbusse hinter sich lässt und durch die Kirchenpforte tritt.

Die Bauzeit der Kathedrale (sie wurde 1857 erstmals genutzt) fiel in eine kurze Zeit des Tauwetters. In Genf hatte man den religiösen Minderheiten kostenlos Land für Kultbauten zur Verfügung gestellt. Die katholischen Kantone hatten allerdings ihre Niederlage im Sonderbundskrieg nicht verwunden und versuchten, die Machtverhältnisse im jungen Bun-

‹
An der Aire unterhalb
des Pont de Lancy

›
Zusammenfluss von
Rhone (links) und
Arve

Direkt neben dem
Genfer Bahnhof
Cornavin liegt
die Kathedrale
Notre-Dame.

desstaat mehr oder auch weniger diskret zu ihren Gunsten zu wenden. Die Auseinandersetzungen eskalierten alsbald zum sogenannten Kulturkampf. Im Kern ging es dabei um die Frage, wer in kirchenpolitischen Fragen das Sagen hat: die weltlichen Behörden oder der Vatikan?

Auch die Genfer Kathedrale geriet mitten in diesen Sturm. 1864 ernannte der Papst den dort tätigen Pfarrer Gaspard Mermillod zum Weihbischof der Diözese Freiburg-Lausanne-Genf und sieben Jahre später zum apostolischen Vikar von Genf, was als erster Schritt zur Schaffung eines eigenständigen Bistums Genf gedeutet wurde. Die Genfer Behörden stuften dies als Provokation ein und stellten Mermillod mit Polizeigewalt an die Grenze. Die Kathedrale wurde zunächst geschlossen und dann in die Hände der christkatholischen Glaubensgemeinschaft übergeben. Erst 1912 ging sie wieder in den Besitz der katholischen Pfarrei über.

Und Mermillod? Dieser konnte 1883 in die Schweiz zurückkehren und erhielt 1890 vom Papst die Kardinalswürde. Aus diesem Anlass brachte die Freiburger Brauerei Blancpain ein Festbier namens Cardinal auf den Markt, das in der Öffentlichkeit so gut ankam, dass beschlossen wurde, den Namen des Produkts auf die Brauerei selbst zu übertragen. Das Produkt und die Firma hatten nachhaltig Erfolg, bis der Betrieb Ende des 20. Jahrhunderts von einem Konkurrenten übernommen wurde und die Produktion in Freiburg einige Jahre später eingestellt wurde. Die Biermarke besteht aber weiterhin.

Notre-Dame ist auch eine Wallfahrtskirche. Das eigentliche Pilgerziel ist eine Marienstatue aus weissem Marmor, die in der Apsis vorne in der Kirche steht. Gaspard Mermillod hatte sie während einer Romreise vom damaligen Papst als persönliches Geschenk erhalten. Genf beherbergt zahlreiche internationale Organisationen, bei denen Menschen aus aller Welt tätig sind. Dank der zentralen Lage zieht die Kathedrale beim Bahnhof Cornavin Gläubige vielfältiger Herkunft an — beredtes Zeugnis dafür ist eine Informationsschrift, die beim Eingang in fünfzehn Sprachen aufliegt.

Die meisten Wallfahrerinnen und Wallfahrer pilgern mit öffentlichen Verkehrsmitteln nach Notre-Dame. Eine Wallfahrt dorthin lässt sich jedoch ohne Weiteres auch zu Fuss unternehmen, beispielsweise der Aire entlang. Das Flüsschen entspringt in der Nordflanke des Mont Salève (der, obschon er in Frankreich liegt, als Genfer Hausberg gilt) und ist das am stärksten verbaute und durch menschliche Einflüsse beeinträchtigte Fliessgewässer des Kantons. Von den rund zehn Kilometern, welche die Aire auf Schweizer Gebiet durchläuft, wurde seit den 1920er-Jahren in mehreren Etappen mehr als die Hälfte kanalisiert und teilweise sogar überdeckt. Seit einigen Jahren verfügt der Flusslauf jedoch wieder über ein deutlich natürlicheres Gesicht, denn er wurde auf einer Länge von mehr als vier Kilometern umfassend revitalisiert.

Schweizer Boden erreicht die Aire am Rand der französischen Stadt Saint-Julien. Die nächstgelegene ÖV-Haltestelle befindet sich beim Grenzübergang Perly. Auf asphaltierten Nebensträsschen geht es zunächst durch Rebgebiet sowie an Wiesen und Ackerland vorbei. Sobald man das Flüsschen erreicht, wechselt der Bodenbelag auf Kies.

Die Kathedrale ist ein Ort der Stille mitten in der Stadt.

Je nach Wetterlage führt die Aire nur wenig Wasser. Es kann daher durchaus vorkommen, dass das Flussbett nahezu ausgetrocknet ist. Immerhin setzen Auenwäldchen, Hecken und Wiesen einige schöne natürliche Akzente in die Landschaft. Der als Naherholungsgebiet dienende Uferbereich ist mit etlichen Rastplätzen und Feuerstellen ausgestattet. Via Pont de Lully gelangt man zum Pont du Centenaire. Von da an muss man für eine Weile mit Quartiersträsschen abseits des Flusslaufs Vorlieb nehmen. Umso reizvoller ist die Strecke zwischen Grand- und Petit-Lancy. Die Aire fliesst hier frei und unverbaut durch ein bewaldetes Tobel. Bei Pont-Rouge ist allerdings endgültig Schluss mit Natur. Ab hier ist der Fluss bis zur Mündung in die Arve in einen unterirdischen Kanal verbannt, und die Uferwanderung wird vollends zur Stadtwanderung. Diese ist allerdings nicht ohne Reiz. Über eine lange Treppe steigt man zur Promenade Nicolas Bouvier auf und gelangt durch mehrere Stadtparks mit Spiel- und Rastplätzen zum Jonction-Viadukt. Von der Brücke hat man eine eindrückliche Sicht auf den Zusammenfluss der Rhone mit der Arve, deren Wasser im Unterschied zur oft blaugrün schimmernden Rhone meist einen graubraunen Ton aufweist. Über die Avenue du Devin-du-Village, die Rue de Saint-Jean und die Rue des Délices geht es zur Rue de Lyon, die direkt zur Gleisunterführung beim Hauptbahnhof und damit zur Kathedrale Notre-Dame führt.

Die Route digital
für unterwegs.

Anteil Naturbelag
40 %

Ausgangspunkt
Perly, douane (Bus)

Schwierigkeit
T1

Endpunkt
Genève (Bahn)

Strecke
14 km

Einkehren
Café de la Tour, Petit-Lancy

Höhendifferenz
130 m Aufstieg, 190 m Abstieg

Ideale Jahreszeit
Ganzjährig begehbar

Wanderzeit
3 ½ Std.

Route

Von der Bushaltestelle Perly, douane (446 m) führt
ein Landwirtschaftssträsschen zum weiter
westlich liegenden Grenzübergang am Rand der
französischen Stadt Saint-Julien-en-Genevois,
wo die Aire über die Grenze fliesst. Dem
Flüsschen entlang geht es zum Pont de Lully und
weiter zum Pont du Centenaire (393 m), dann
durch Stadtquartiere von Grand-Lancy. Erneut der
Aire entlang gelangt man nach Petit-Lancy.
Die Parkanlagen auf dem Bâtie-Hügel (420 m)
verbinden das Gebiet Pont-Rouge mit dem
Jonction-Viadukt. Entlang von teilweise dicht
befahrenen Durchgangsstrassen werden die
Stadtquartiere St-Jean und Les Délices durchquert. Die Stadtwanderung endet beim Hauptbahnhof (384 m) im Quartier Cornavin, neben dem
sich die Wallfahrtskirche Notre-Dame befindet.

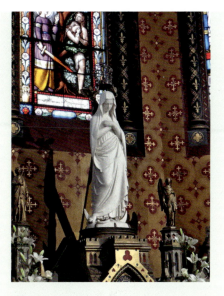

Die Madonna aus
weissem Marmor

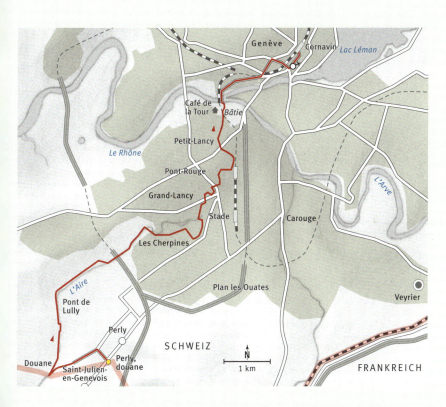

Waldbaden am Jorat

28

Kathedrale Lausanne

Wollte der Abt des Klosters Montheron seinen Vorgesetzten, den Bischof von Lausanne, besuchen, so führte ihn der Weg durch den Bois du Jorat. Längst ist das Kloster aufgehoben und die Lausanner Kathedrale reformiert, doch die Verbindung durch den ausgedehnten Wald ist noch immer eindrücklich.

Im Hinterland von Lausanne liegt das Hügelland des Jorat. In der Bezeichnung steckt, ebenso wie im Begriff Jura, ein altes keltisches Wort für Wald. Die Gegend ist grossflächig bewaldet, dünn besiedelt, entsprechend einsam und daher gut geeignet, um Einkehr zu halten. Mehr noch als heute galt dies im Mittelalter, als immer wieder Pilgerscharen durch den Jorat zogen. Ihr Ziel war die Kathedrale von Lausanne, die damals ein weitherum verehrtes Marienbild barg und deshalb ein bedeutendes Wallfahrtsziel war.

Die Reformation hat dem Marienkult in Lausanne ein Ende bereitet. Im Zeichen des neuen Glaubens wurde das Marienbild beseitigt. Heute steht eine Kopie davon in der katholischen Pfarrkirche von Lausanne. Für eine andere Form des Pilgerwesens ist die nun reformierte Kathedrale gleichwohl bedeutend: Lausanne ist ein Etappenort des Jakobswegs.

Nochmals eine andere Form der Einkehr bietet die Wanderung, die ab Cugy in die Waadtländer Kantonshauptstadt führt. Sie folgt zunächst dem Flüsschen Talent. Anfänglich geht es auf schmalen Pfaden direkt dem Wasserlauf entlang, später dann auf einem Strässchen etwas weiter weg vom Ufer zum Weiler La Râpe. Weiterhin auf Asphalt gelangt man zur ehemaligen Zisterzienserabtei von Montheron. Das Kloster wurde Mitte des 12. Jahrhunderts gegründet, 1536 nach der Eroberung der Waadt durch Bern säkularisiert und später teilweise abgebrochen, während die einstige Klosterkirche umgebaut und fortan als reformiertes Gotteshaus genutzt wurde. Weltlicher Einkehr dient die benachbarte «Auberge de l'Abbaye de Montheron», die von einschlägigen Gastronomieführern kräftig bepunktet worden ist.

Ab Montheron gibt es zwei Möglichkeiten, um nach Lausanne zu gelangen. Direkt und damit kürzer ist die Verbindung via Chalet des Enfants.

‹
Am Flon

›
Die ehemalige Abtei
Montheron

Wer hingegen den Weg einschlägt, der weiterhin dem Talent folgt, entscheidet sich für eine Schlaufe, die weit ausholend durch den Bois du Jorat führt. Das bedeutet konkret: Die folgenden zweieinhalb Stunden marschiert man im Wald, und zwar mehrheitlich auf Kiessträsschen. Das mag zumindest anfänglich etwas monoton sein, entwickelt sich aber zusehends zu einem beschaulichen Gang durch ein grünes Meer, in dem ausser Vogelzwitschern und Insektensummen kaum etwas zu hören ist.

Shinrinyoku (Waldbaden) nennt man in Japan dieses geradezu meditative Eintauchen in den Forst. Im Jorat kann man ihm ausgiebig frönen. Was heute ein unbeschwertes Vergnügen ist, war vom Mittelalter bis ins 18. Jahrhundert allerdings gefährlich, denn damals hausten in den Wäldern des Jorat Räuberbanden, die immer wieder Überfälle auf Reisende verübten.

Auf dem Chemin des Fontaines gelangt man in kaum merklichem, aber kontinuierlichem Anstieg zur Fontaine des Côtes. Hinter dem Brunnen befindet sich eine Waldhütte mit Feuerstelle und gedeckten Sitzplätzen. Das Waldvergnügen geht noch eine Weile weiter, doch dann kündet sich sein Ende mit vorerst diskretem Rauschen an. Unvermutet steht man vor einem himmelhohen Autobahnviadukt, den es neben einer Kehrichtdeponie auf einer steilen Treppe zu unterqueren gilt. Lärm und Abgase lässt man glücklicherweise schon bald wieder hinter sich. Vorbei an zahlreichen alten Eichenbäumen des Waldreservats Vieux Chênes geht es zum

Marienfigur in einer
verborgenen Nische
der Kathedrale
Lausanne.

Die einstige Klosterkirche
von Montheron wird
heute als reformierte
Kirche genutzt.

Aussichtsturm
unweit des
Lac de Sauvabelin

Lac de Sauvabelin. Hinter dem am Ufer des Teichs liegenden Restaurant gibt es einen grossen Spielplatz, unweit davon steht die 35 Meter hohe Tour de Sauvabelin. Die Aussichtsplattform bietet einen prächtigen Ausblick zum Genfersee und in die Savoyer Alpen.

Mässig steil geht es danach hinunter zur Altstadt von Lausanne, wo an erhöhter Lage die Kathedrale steht. Ein Besuch der Kirche offenbart eine kleine Überraschung: Auf der Westseite des Chors gibt es eine Chapelle de la Vierge (Jungfrauenkapelle). Es handelt sich um einen schummrig beleuchteten Nebenraum des Hauptschiffs. In dessen Hintergrund steht in einer düsteren Nische ein Steinaltar. An dieser maximal verborgenen Stelle ist ein für protestantische Verhältnisse exotisches Objekt platziert: eine Marienstatuette.

Die Route digital
für unterwegs.

Schwierigkeit
T1

Strecke
15 km

Höhendifferenz
270 m Aufstieg, 540 m Abstieg

Wanderzeit
4 Std.

Anteil Naturbelag
70 %

Ausgangspunkt
Cugy VD, Le Moulin (Bus)

Endpunkt
Lausanne (Bahn)

Einkehren
Pinte du Lac de Sauvabelin, Lausanne

Ideale Jahreszeit
Ganzjährig begehbar

Route
Die Bushaltestelle Le Moulin (694 m) liegt am nördlichen Dorfende von Cugy. Am Kreisel vorüber gelangt man zum Flüsschen Talent, folgt diesem flussaufwärts zur ehemaligen Abtei von Montheron (725 m) und weiter ins ausgedehnte Waldgebiet des Jorat. Von der Waldhütte bei der Fontaine des Côtes an (779 m) hält man sich bei allen Verzweigungen und Wegkreuzungen an die Route, die Richtung Lausanne/Tunnel signalisiert ist. Sie führt über Les Buchilles und La Clochatte zum Wasserlauf des Flon nahe Epalinges. Via Lac de Sauvabelin (662 m) geht es ins Stadtgebiet von Lausanne. Von der Kathedrale gelangt man durch die Gassen der Altstadt zum Bahnhof Lausanne (448 m).

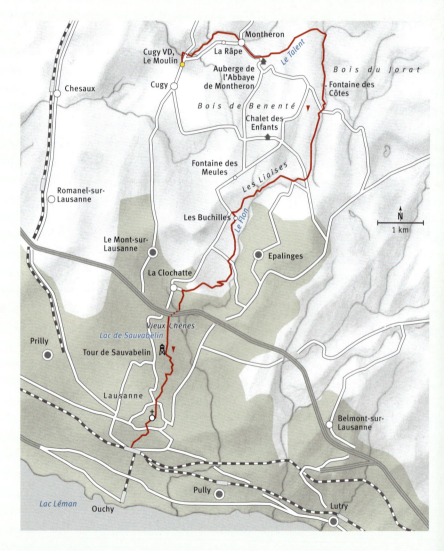

Die Höhle der heiligen Kolumba

Einsame Juralandschaft und eine mystische Höhle

Grotte de Sainte-Colombe, Undervelier

Vom Rand der Freiberge führt diese Wanderung durch menschenleeres Weideland ins Becken von Delémont. Am Weg liegt die Grotte de Sainte-Colombe, eines der eigentümlichsten Wallfahrtsziele der Schweiz.

Ausgangspunkt dieser Tour ist der vermutlich einsamste Bahnhof der Schweiz: Die Haltestelle Combe-Tabeillon liegt mehrere Kilometer abseits von den umliegenden Dörfern. Dennoch muss jeder Zug, der hier vorbeifährt, zwingend halten, denn die Bahnlinie beschreibt in der Schlucht des Tabeillon eine Spitzkehre. Dort, wo die Geleise enden, beginnt der Aufstieg nach Saulcy. Ein schmaler Pfad zieht sich zunächst im Wald an Fels-wänden vorbei, dann über Weideland aufwärts. Bei der Dorfkirche von Saulcy hat man bereits den höchsten Punkt der Wanderung erreicht.

Mit dem Siedlungsgebiet lässt man nun für eine längere Zeit fast jegli-che Zivilisationsspuren hinter sich, denn jetzt beginnt ein Abschnitt, der durch eine für Schweizer Verhältnisse ausserordentlich einsame Land-schaft führt, aber gleichwohl nicht im Berggebiet liegt. Während mehr als einer Stunde durchzieht man eine menschenleere Gegend; in dieser Zeit kommt man einzig an zwei Gebäuden vorbei. Zunächst geht es über das Weideland der Combe Montjean sanft abwärts, dann durch den Wald zur Combe es Monin und, erneut auf Weideland, hinauf zur Blanche Maison. In wechselnden kurzen Auf- und Abstiegen umgeht man das Gehöft Pré de Joux und wandert danach, nun teilweise weglos, quer durch die von einzelnen Bäumen und Hecken durchsetzten Weiden. Schliesslich zeigen sich die Hausdächer von Undervelier. Leicht absteigend nähert man sich dem Dorfrand.

Der offizielle Wanderweg Richtung Berlincourt beginnt unweit der Kirche, quert auf einem Brücklein die Sorne und folgt dem östlichen Ufer des Flüsschens auf einem hübschen Naturpfad. Allerdings empfiehlt es sich, hier ausnahmsweise dem Asphalt den Vorzug zu geben und direkt auf die Strasse einzuschwenken, die dem westlichen Flussufer entlang verläuft. Der Grund dafür ist eine aussergewöhnliche Sehenswürdigkeit,

Karstquelle in der
Grotte

die sich nur auf diese zugegebenermassen etwas unattraktive Weise aufsuchen lässt. Zu diesem Zweck folgt man der Hauptstrasse talauswärts (Vorsicht, die Strasse ist teilweise stark befahren und verfügt über kein Trottoir). Einige Hundert Meter nach dem Ortsausgang gelangt man zur Grotte de Sainte-Colombe. Die Höhle liegt direkt am Fuss einer senkrechten Felswand und weist stattliche Dimensionen auf: Sie geht etwa dreissig Meter in den Berg, ist annähernd ebenso breit und an der höchsten Stelle beim Eingang vorne rund sieben Meter hoch — das Volumen ist somit durchaus mit dem eines Kirchenschiffs vergleichbar.

Tatsächlich ist die Stätte seit dem Mittelalter ein viel besuchtes Wallfahrtsziel. Das hängt mit der Karstquelle zusammen, die im hinteren Teil der Höhle in ein Steinbecken fliesst. Dem Wasser wird heilende Wirkung nachgesagt. Die Grotte wird deshalb immer wieder von kranken und gebrechlichen Menschen aufgesucht, die sich dort eine Linderung ihrer Leiden erhoffen. Seinen Höhepunkt erlebt der Zustrom jeweils am 15. August: Am Tag von Marias Aufnahme in den Himmel pilgern bis zu 200 Gläubige zur Grotte, wo an einem grossen Steinaltar eine Messe gehalten wird. Zahlreiche Votivtafeln in verschiedenen Sprachen, namentlich Spanisch und Portugiesisch, bekunden, dass hier offenbar etliche Gebete erhört wurden.

Patronin der Grotte ist die heilige Kolumba, die im 3. Jahrhundert lebte, aus Spanien stammte und als junge Frau nach Frankreich zog, um dort den christlichen Glauben zu praktizieren. In der burgundischen Stadt Sens wurde sie nach einer Legende im Zuge der Christenverfolgungen vor den römischen Kaiser Aurelian gebracht. Der Herrscher war von ihrer Schönheit tief beeindruckt und gelobte, sie zu schonen und mit seinem Sohn zu verehelichen, sofern sie Jupiter anbete. Dies verweigerte die Jungfrau, worauf der tobende Kaiser sie in ein Freudenhaus bringen liess, um sie der öffentlichen Schändung preiszugeben. Ein Bär rettete sie vor dem ersten Freier, einem jungen Mann. Dieser wiederum konvertierte zum neuen Glauben und bewahrte Kolumba vor dem Flammentod, den der Kaiser unterdessen über sie verhängt hatte. Am Ende wurden beide, die Jungfrau und der Jüngling, enthauptet.

Eine weitere Legende besagt, dass die nachmalige Heilige eine Zeit lang mit einer Bärin in einer Höhle weit oberhalb von Undervelier lebte, von wo sie sich immer wieder in die heute nach ihr benannte Grotte begab, um dort zu beten und von dem wundersamen Wasser zu trinken. Die tatsächliche Anwesenheit von Kolumba im Jura ist allerdings nicht verbürgt — im Gegensatz zu der des heiligen Kolumban, der rund 200 Jahre später als Wandermönch durch die Gegend zog. Eine Theorie besagt deshalb, dass sich hier im Laufe der Geschichtsschreibung ein Schreibfehler eingeschlichen haben könnte und die Grottenheilige eigentlich ein Mann sei.

Laut archäologischen Funden war die Kolumba-Grotte in der Bronzezeit besiedelt und wurde möglicherweise schon damals als Kultstätte genutzt. Heute zeigt sich der Ort zwiespältig: Das Halbdunkel der Höhle vermittelt ein Gefühl der Geborgenheit, doch die mystische Stimmung kontrastiert auf etwas schmerzliche Weise mit dem Lärm der draussen vorbeiflitzenden Autos.

Dem motorisierten Verkehr ist man beim Wandern noch eine Weile ausgesetzt. Von der Grotte geht es rund 800 Meter weiterhin der Strasse entlang durch eine Klus. An der engsten Stelle ragen die schmalen Rippen aus Kalkstein beidseits von Fluss und Strasse senkrecht fast hundert Meter hoch in den Himmel; oben sind sie mit vom Wetter zerzausten Kiefern gekrönt — ein malerischer Anblick, der an alte fernöstliche Landschaftsdarstellungen erinnert.

Beim Weiler Les Forges verlässt man die Strasse, quert die Sorne und wandert auf einem einfachen Fussweg talauswärts, der sich auf der rechten Seite des unverbaut dahinrauschenden Flüsschens nach Berlincourt zieht. Der idyllische Uferabschnitt hebt sich auf reizvolle Weise vom bisherigen Verlauf der Wanderung ab und sorgt damit für einen attraktiven Schlusspunkt der Tour.

Felsdurchgang
auf dem Weg
nach Berlincourt

Weite Juralandschaft
bei Pré de Joux

Die Route digital
für unterwegs.

Schwierigkeit
T1

Strecke
12,4 km

Höhendifferenz
460 m Aufstieg, 590 m Abstieg

Wanderzeit
3 ¾ Std.

Anteil Naturbelag
90 %

Ausgangspunkt
Combe-Tabeillon (Bahn)

Endpunkt
Berlincourt (Bus)

Hohe und schmale Kalksteinrippen
begrenzen das Tal der Sorne.

Einkehren
Restaurant de la Croix-Blanche, Undervelier

Ideale Jahreszeit
Mitte April bis Ende November

Route
Vom Bahnhof Combe-Tabeillon (629 m) geht es
hinauf nach Saulcy (910 m), von dort in leichtem
Auf und Ab durch die Combe Montjean nach
Combe es Monin, dann via Blanche Maison und
Pré de Joux nach Undervelier (536 m). Im Tal der
Sorne gelangt man auf der Autostrasse zur Grotte
de Sainte-Colombe und weiter nach Les Forges,
danach auf der anderen Seite des Flüsschens nach
Berlincourt (498 m).

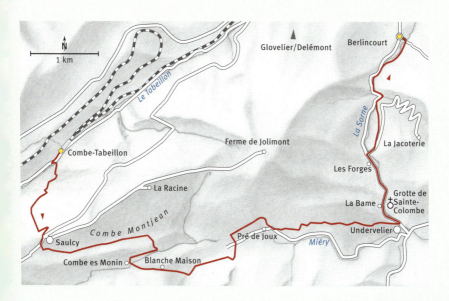

An der Churzhubelegg
oberhalb von Luthern LU

Zentralschweiz

30

Luzerner Kapellenweg, Hellbühl–Ettiswil

Der Luzerner Kapellenweg gehört zu jenen Wanderwegen, die man auch bei Hudelwetter begehen kann. Zahlreiche Kirchen und Kapellen entlang der Strecke vermitteln einen lebendigen Einblick in die sakrale Architektur des Luzerner Hinterlands; gleichzeitig ist damit in regelmässigen Abständen für Schutz vor den Unbilden der Witterung gesorgt.

Wie in anderen Gegenden der Zentralschweiz gibt es auch im Luzerner Hinterland eine reiche Vielfalt an Sakralbauten. Einen interessanten Einblick in diesen Kosmos bietet der Luzerner Kapellenweg. Siebzehn Kirchen und Kapellen sowie zahlreiche Bildstöcke säumen die Route. Darunter gibt es auch Wallfahrtsziele. Dennoch gilt die Strecke nicht als Pilgerweg im klassischen Sinne, sondern eher als touristische Verbindung interessanter kirchlicher Bauwerke.

Der Kapellenweg beginnt bei der Pfarrkirche in Hellbühl und endet nach zwanzig Kilometern bei der Pfarrkirche Ettiswil. In Abständen von jeweils etwas mehr als einer Marschstunde durchquert man unterwegs die Dörfer Ruswil, Buttisholz und Grosswangen. Die Wanderung auf dem Kapellenweg lässt sich gut verkürzen oder variieren, denn sämtliche Dörfer an der Strecke sind mit Buslinien erschlossen. Jedes verfügt über seine eigene, charakteristische Pfarrkirche. Am monumentalsten ist die Barockkirche St. Mauritius in Ruswil.

Ausserhalb der Dörfer kommt man an insgesamt zwölf Kapellen vorbei. Manche dieser Stätten bieten einen interessanten Einblick in die Volksfrömmigkeit vergangener Zeiten. In der winzigen Huebkapelle beispielsweise befinden sich neben einer barocken Büste des heiligen Wendelin etliche Statuen und Figürchen anderer Volksheiliger. Ungewöhnlich ist der Turm der dem Herzen Jesu geweihten Eschkapelle in Ruswil: Mit seiner filigranen Form erinnert er ein wenig an ein Minarett.

Während manche der Kapellen entlang der Route vorwiegend lokale Bedeutung haben, verfügen andere über eine überregionale Ausstrahlung. Die Kapelle St. Ulrich bei Buttisholz etwa ist eine beliebte Hochzeitskirche. Zu verdanken ist das nicht zuletzt ihrer malerischen Lage an einem leicht erhöhten Standort mit entsprechend schöner Rundsicht zu den umliegenden Hügelwellen.

‹
St. Ottilien, Buttisholz

›
Bei Hueb, Blick
zum Pilatus

Als eigentliches Juwel unter den Sakralbauten der Gegend gilt die Wallfahrtskapelle St. Ottilien bei Buttisholz. Sie ist der heiligen Ottilia geweiht. Nach der Legende wurde diese blind geboren, erlangte aber bei der Taufe Sehkraft. Deshalb gilt sie als Patronin für gesundes Augenlicht. Im Inneren der Kapelle berichten etliche Votivtafeln von Gläubigen über geglückte Heilungen.

Das 1669 im Rokokostil erbaute Kirchlein weist einen achteckigen Grundriss auf. Mit seiner ungewöhnlichen Form setzt es einen ausserordentlich schönen Akzent in die Landschaft und bringt ein wenig byzantinische Ausstrahlung ins Schweizer Mittelland. In unmittelbarer Nachbarschaft der Ottilienkapelle befindet sich das Pilgerstübli; die einfache Wirtschaft ist in der Regel vor und nach Anlässen in der Kapelle geöffnet.

Der Luzerner Kapellenweg verläuft durch das sanft hügelige Rottal, eine landwirtschaftlich intensiv genutzte Gegend. Weideland, Wiesen und weite Kornfelder prägen die schmucke Landschaft. Dies hat allerdings auch eine Kehrseite, denn die meisten Bauernhöfe sind mit Strässchen erschlossen. In der Regel weisen diese zwar nur ein geringes Verkehrsaufkommen auf. Für Wandersleute ist das trotzdem eher unerfreulich: Zu mehr als der Hälfte verläuft der Kapellenweg auf Asphalt. Längere Abschnitte auf Hartbelag gibt es namentlich im Raum Ruswil und bei Buttisholz.

Mit etwas gutem Willen lassen sich in diesem Umstand aber immerhin auch zeitweilige Vorteile erkennen. Bei nassem oder kaltem Wetter kommt man als Fussgänger auf Asphalt nämlich besser voran als auf durchnässten oder verschneiten Böden. Zwischen den verstrassten Strecken gibt es auch immer wieder naturnahe Abschnitte in idyllischer Landschaft. Besonders reizvoll sind etwa die Teilstücke Rüediswil-Buttisholz und Oberroth-Grosswangen.

Die Route digital für unterwegs.

Schwierigkeit
T1

Strecke
20,8 km

Höhendifferenz
320 m Aufstieg, 440 m Abstieg

Wanderzeit
5 ¼ Std.

Anteil Naturbelag
40 %

Ausgangspunkt
Hellbühl, Post (Bus)

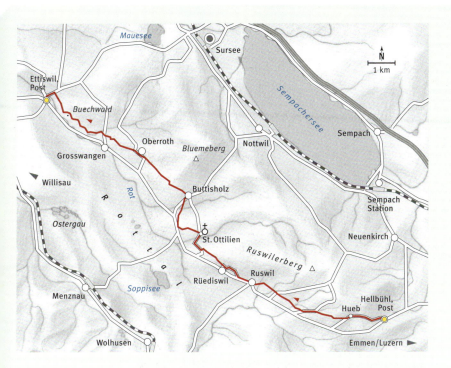

Endpunkt
Ettiswil, Post (Bus)

Einkehren
Gaststätten in Ruswil, Buttisholz, Grosswangen
und Ettiswil

Ideale Jahreszeit
Ganzjährig begehbar

Route
Beschreitet man den Luzerner Kapellenweg in
ostwestlicher Richtung, dann beginnt die Wanderung mit dem einzigen nennenswerten Aufstieg
der Strecke: Von Hellbühl (638 m) geht es sanft
aufwärts nach Hueb (734 m). Bei der nahen
Katharinenkapelle am Unteren Herrenweg hat
man bereits den höchsten Punkt der Tour erreicht;
von nun an wandert man meist ebenen Wegs
oder kaum merklich absteigend. Über Ruswil
(637 m), St. Ulrich und St. Ottilien gelangt man
nach Buttisholz (565 m), dann via Oberroth nach
Grosswangen und vorbei am Naturlehrgebiet
Buechwald nach Ettiswil (518 m).

Unterer Herrenweg,
St. Katharina

177

Rückwärts wallfahren am Fusse des Napfs

31

Maria Heilbronn, Luthern Bad, und St. Ulrich, Luthern

Das Lutherntal zählt zu den abgeschiedeneren Ecken des Kantons Luzern. Weit und grün ist die Landschaft dort. Im Tal gibt es zwei ganz unterschiedliche, aber gleichermassen interessante Wallfahrtsstätten zu entdecken.

Ganz hinten im Tal der Luthern liegt Luthern Bad. Das Gewässer und der Weiler verdanken ihre Namen dem lauteren (klaren und reinen) Wasser, das in verschiedenen Quellen am Nordhang des Napfs entspringt, sich zu einem Flüsschen vereinigt und zwischen Tannenwäldern und Wiesenland nordwärts zieht.

Einer dieser Quellen werden seit Jahrhunderten wundersame Heilkräfte zugeschrieben. Als Erster soll ihre Wirkung ein Bauer namens Jakob Minder erfahren haben, der an schwerer Gicht litt. In der Nacht vor Pfingsten 1581 erschien ihm Maria als schwarze Madonna, machte ihn auf eine Quelle hinter seinem Haus aufmerksam und hiess ihn, sich dort zu waschen. Nachdem er dies getan hatte, sei er sogleich gesundet, wie er später verlautbarte. Die Luzerner Regierung war zunächst misstrauisch, kam aber nach eingehender Untersuchung zum Schluss, das Ereignis habe sich so zugetragen wie von Minder berichtet. Kurz danach errichtete man an der Stätte seiner Heilung eine erste Kapelle und ein «Gnadenbrünnli». Luthern Bad erlebte in der Folge einen ungewöhnlichen Aufschwung: Als vielbesuchter Marienwallfahrtsort war es ein bedeutender Kurort. Vom «Einsiedeln des kleinen Mannes» war die Rede.

1863 wurde die ursprüngliche Kapelle durch ein neues Bauwerk etwas höher oben am Hang ersetzt. Die spätbarocke Muttergottesstatue stammt laut der Legende aus dem Kanton Bern, von wo sie während des reformatorischen Bildersturms gerettet worden war. Beim «Badbrünnli» hinter der Kapelle Maria Heilbronn fliesst aus zwei Röhren Quellwasser. PET-Flaschen stehen bereit für Pilgernde, die einen Hausvorrat des kostbaren Nass mitnehmen wollen. Nebenan wurde 2018 das Arm- und Fussbad, ein einfacher Betonbau, in den Hang gefügt; im Hauptraum plätschert das Wasser in einen grossen Trog, in den beiden Nebenräumen lässt sich in knietiefen Becken kneippen.

‹
Wanderweg Lutrun
bei Luthern

›
Luthern Bad, Kapelle
Maria Heilbronn,
rechts das Gnaden-
brünnli

‹
St.-Ulrichs-Segen,
Kirche Luthern

›
Die Pfarrkirche Luthern
steht an prominenter
Stelle mitten im Dorf.

Die Wallfahrt nach Luthern Bad erfreute sich so grosser Beliebtheit, dass für die Pilgerscharen 1949 unweit der Kapelle zusätzlich eine Wallfahrtskirche errichtet wurde. Während die Kapelle rund 200 Meter südlich des Dörfchens liegt, befindet sich die Kirche gleich gegenüber der Postautohaltestelle. Sie fällt durch ihre schlichte Inneneinrichtung auf. Beim Marienbildnis im Vorraum sind verschiedene Votivtafeln angebracht, auf denen Gläubige ihren Dank für Gebetserhörung und Heilung bekunden.

Wer heutzutage zu Fuss nach Luthern Bad pilgern möchte, muss entweder einen langen Marsch oder reichlich Zeit einplanen, denn der Wallfahrtsort am Fusse des Napfs ist nur lückenhaft mit öffentlichen Verkehrsmitteln erschlossen. Die wenigen Postautokurse, die unter der Woche verkehren, richten sich nach dem Stundenplan der Schule. Am Wochenende ist die Situation etwas besser; dann besteht immerhin ein Zweistundentakt. Doch für die Bedürfnisse von Wandernden ist auch dies nicht optimal. Deshalb sei hier ein etwas unorthodoxes Vorgehen empfohlen, nämlich eine Art umgekehrter Wallfahrt, beginnend mit der direkten Anreise zur Pilgerstätte und gefolgt von einer Wanderung. Dieser Vorschlag lässt sich selbst unter der Woche mit dem Fahrplan in Einklang bringen, indem man mit dem Mittagskurs ins Tal fährt und eine Nachmittagswanderung unternimmt.

Der erste Abschnitt dieser Tour verläuft auf einem Talwanderweg, der «Lutrun» genannt wird. Er ist nicht Teil des offiziellen Wanderwegnetzes und deshalb auf Wanderkarten nicht eingezeichnet, im Gelände aber einwandfrei ausgeschildert. Die Strecke verläuft mehrheitlich auf schmalen Pfaden, die durch das Wiesenland und mitunter direkt der Luthern entlangführen. Teilweise wandert man auch auf Landwirtschaftssträsschen oder neben der Talstrasse.

Luthern, die grösste Ortschaft des Tals, gruppiert sich um die Pfarrkirche, die an prominenter Lage auf einem Hügelvorsprung steht. Auch sie ist ein traditionsreiches Wallfahrtsziel, das allerdings keine so grossräumige Strahlkraft wie Maria Heilbronn in Luthern Bad aufweist. Es lohnt sich, das markante und wohlproportionierte Bauwerk näher in Augenschein zu nehmen, denn es handelt sich dabei um eine der schönsten Rokokokirchen des Kantons Luzern.

Mit einem ungewöhnlichen Brauch wird hier einmal pro Jahr St. Ulrich, der Schutzheilige der Kranken und der Kinder, um Beistand gebeten. Unter den kirchlichen Kultgegenständen der Pfarrkirche gibt es ein St.-Ulrichs-Messgewand – ein historisches Kleidungsstück, das auch als Ulrichskasel bezeichnet wird. Teile des Stoffs stammen aus dem 14. Jahrhundert. Jeweils am 4. Juli, dem Todestag des Heiligen, knien Gläubige vor dem Altar unter dem Tuch nieder, um von einem Priester den Segen zu empfangen. «Onder de Ueli go» («unter den Ulrich gehen») nennen die Einheimischen diesen Ritus. Auch im nahen St. Urban gibt es ein solches Ulrichsgewand; der Brauch ist dort jedoch im frühen 20. Jahrhundert erloschen.

Der zweite Teil der in umgekehrter Richtung begangenen Wallfahrt weist einen etwas anderen Charakter auf. Nun lässt man den Talboden der Luthern hinter sich und steigt über Wiesen und durch Wald zur aussichtsreichen Churzhubelegg auf und gelangt von dort nach Hergiswil bei Willisau.

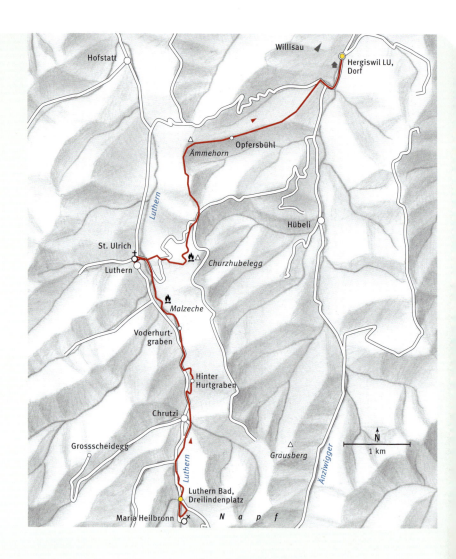

Die Route digital
für unterwegs.

Höhendifferenz
300 m Aufstieg, 520 m Abstieg

Wanderzeit
3 Std.

Anteil Naturbelag
85 %

Ausgangspunkt
Luthern Bad, Dreilindenplatz (Bus)

Endpunkt
Hergiswil LU, Dorf (Bus)

Schwierigkeit
T1

Strecke
11 km

Einkehren
Gasthof Krone, Luthern

Ideale Jahreszeit
Mitte April bis Mitte November

Route
Der Lutrun-Pfad beginnt in Luthern Bad (875 m) und führt mit mehr oder weniger Abstand dem Wasserlauf der Luthern entlang talauswärts. Im Gebiet Malziken (auf der Landeskarte «Malzeche»), knapp eine Stunde Marschzeit vom Ausgangspunkt entfernt, steht in Ufernähe ein schöner Rastplatz samt befestigter Feuerstelle zur Verfügung. In Luthern (772 m) verlässt man den Lutrun-Weg und steigt zur Churzhubelegg (906 m) auf, wo ein Rastplatz mit Feuerstelle dazu einlädt, die Sicht auf die Hügel und Täler des Napf-Vorlands zu geniessen. In leichtem Auf und Ab geht es nun, zuweilen weglos, über Weideland und durch Waldgebiet. Der Abstieg nach Hergiswil bei Willisau (647 m) beginnt mit einer steilen Passage nach Opfersbühl, danach klingt die Tour sanfter absteigend aus.

Das «Badbrünnli» hinter der Kapelle Maria Heilbronn

Die geräumige Wallfahrtskirche Luthern Bad unweit der Kapelle

183

Über Stock und Stein zur «Maria im Ahorn»

32

Maria Rickenbach, Niederrickenbach

Vielfältige Landschaftseindrücke, aber keine nennenswerten technischen Schwierigkeiten bietet diese Wanderung in den Nidwaldner Bergen. Die Route führt von der Stockhütte durch Bergwälder und über Alpweiden zum Brisenhaus und von dort hinunter zur Wallfahrtskirche Maria Rickenbach.

Mit knapper Not konnte sie vor dem Feuertod bewahrt werden. Unter obrigkeitlicher Aufsicht hatte man die Marienfigur zusammen mit anderen Statuen und Gemälden aus der Meiringer Dorfkirche geholt, danach wurde alles auf einen Haufen geworfen und angezündet. Die Gnädigen

Herren zu Bern hatten beschlossen, in ihrem Hoheitsgebiet die Reformation mit aller Macht durchzusetzen. Besonders hartnäckig hielt sich der alte Glaube in den Tälern des Berner Oberlands, weshalb die Regierung dort mit militärischen Mitteln durchgriff.

Dennoch gelang es einem jungen Schafhirten aus Nidwalden, die Madonna aus den Flammen zu holen und über den Jochpass in seine Heimat zu bringen. Im darauffolgenden Sommer hirtete er oberhalb seines Heimatdorfs Büren. Die Marienstatue nahm er mit auf die Alp und stellte sie dort in einen alten, hohlen Ahornbaum, um sie anzubeten und zu verehren. Als er im Herbst ins Tal zurückkehren wollte, gelang es ihm jedoch nicht mehr, die Figur wieder aus dem Stamm zu holen. Dies wurde als Zeichen dafür gedeutet, dass an dieser Stelle ein Marienheiligtum errichtet werden solle.

Die Kapelle «Maria im Ahorn» entwickelte sich alsbald zu einem Wallfahrtsort und wurde im Laufe der Jahrhunderte mehrmals um- und ausgebaut. Zahlreiche Votivtafeln an der Rückwand und an den Seitenwänden bezeugen Wunder und Gebetserhörungen. Gestiftet wurden sie nicht nur von Gläubigen aus der näheren Umgebung, sondern auch von Pilgerinnen und Pilgern aus fernen Ländern.

Ob die Holzfigur der sitzenden Madonna mit Kind tatsächlich aus Meiringen stammt, wie es die Überlieferung besagt, lässt sich nicht belegen. Im Kunstführer der Schweiz ist einzig vermerkt, sie sei Ende des 14. Jahrhunderts entstanden. Dort wird auch erwähnt, die Statue sei um 1700 «für

‹
Klewenalp, im Hintergrund der Vierwaldstättersee und die Rigi

›
Das Benediktinerinnenkloster in unmittelbarer Nachbarschaft der Wallfahrtskirche

Behang zurechtgemacht» worden. Deutlicher und weniger diplomatisch äusserte sich der Nidwaldner Kunsthistoriker Robert Durrer in seinem 1928 erschienen Werk «Die Kunstdenkmäler des Kantons Unterwalden»: Die Statue sei 1709 «in unglaublich roher Weise verstümmelt» worden, damit sie ein Stoffkleid wie die Einsiedler Muttergottes tragen könne.

Der klassische Pilgerweg nach Niederrickenbach führt von Dallenwil sehr steil über den Wandfluhberg und die Hasenmatt nach Niederrickenbach. Weniger direkt, dafür landschaftlich viel abwechslungsreicher ist eine Wanderung ab Stockhütte oberhalb Emmetten. Der Aufstieg erfolgt durch die Moorlandschaft Rinderbüel-Isital und via Tannibüel (das gleichnamige Bergrestaurant ist fünf Minuten von der Wanderwegverzweigung entfernt).

Bei schöner Aussicht zur Rigi und auf das Küssnachter sowie das Vitznauer Becken des Vierwaldstättersees gelangt man zum Satteli, dem höchsten Punkt der Tour. Am passähnlichen Übergang vom Gebiet der Klewenalp ins Tal der Engelberger Aa öffnet sich die Sicht zu Stanserhorn und Pilatus. Ein alter Viehzügelweg führt von der SAC-Hütte Brisenhaus hinunter zur Feuerstelle Bachboden. Der nahe Bueholzbach durchläuft an dieser Stelle eine leicht bewaldete Weidelandebene — für Kinder eine wunderbare Gelegenheit zu gefahrlosem Spielen in der Natur. Über die Alp Ahorn geht es schliesslich hinunter nach Niederrickenbach.

Ein erheblicher Teil der Wanderung verläuft auf Forst- oder Alpsträsschen mit Kiesbelag. Zwischendurch gibt es auch einfache Fusswege. Erst ganz am Schluss, im Abstieg vom Rastplatz Steinrüti oberhalb der Wall-

Auf dem Weg
zum Brisenhaus

Zwei Glasgemälde in der Wallfahrtskapelle schildern die Rettung der Marienfigur.

fahrtskirche hinunter ins Dörfchen und zur Seilbahn-Bergstation Nieder-rickenbach, wandert man einige Hundert Meter auf Asphalt.

Wer vor der Talfahrt eine Stärkung benötigt, wird im Pilgerhaus gegenüber der Wallfahrtskirche fündig. Seit 1857 besteht in Niederricken-bach auch ein Kloster. Die Benediktinerinnen verkaufen im Klosterladen verschiedene Teesorten sowie Magentropfen. Die Kräuter gewinnen sie im Klostergarten und auf den umliegenden Alpwiesen.

Die Route digital
für unterwegs.

Schwierigkeit
T2

Strecke
10,9 km

Höhendifferenz
510 m Aufstieg, 640 m Abstieg

Wanderzeit
3 ½ Std.

Anteil Naturbelag
99 %

Ausgangspunkt
Stockhütte (Bergstation) (Gondelbahn)

Endpunkt
Niederrickenbach Dorf (Luftseilbahn)

Einkehren
Brisenhaus

Ideale Jahreszeit
Mitte Mai bis Mitte November

Wallfahrtskirche
Maria Rickenbach

Route

Der Standardweg von der Stockhütte (1278 m) Richtung Klewenalp führt über die Twäregg; er ist mit einem Aufstieg zum aussichtsreichen Rastplatz und einem nachfolgenden Abstieg verbunden. Gleichmässiger steigend und etwas kürzer ist der Bogen um die Twäregg herum durch die Moorlandschaft Isital. Bei Ängi kommen die beiden Varianten wieder zusammen. In gleichmässiger Steigung gelangt man zur Wegverzweigung Tannibüel (1525 m). Wer die Tour verkürzen möchte (um etwa 40 Minuten), wandert von hier über Bärenfallen direkt nach Niederrickenbach. Ansonsten geht es über Mälchgädeli und Büel zum Satteli und von dort hinüber zum Brisenhaus (1753 m). Der Abstieg führt via Morschfeld zum Rastplatz Bachboden und weiter über die Alp Ahorn nach Niederrickenbach (1162 m).

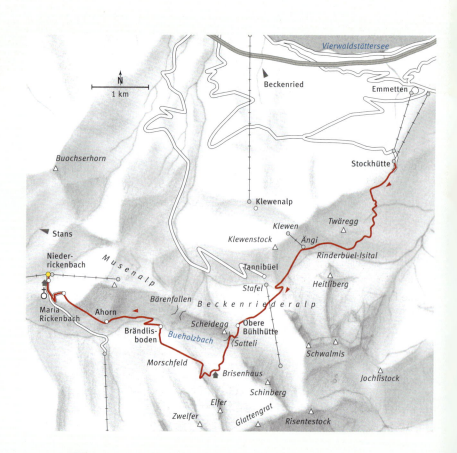

Bei Bethanien

Der sperrige Heilige in der Waldschlucht

Bruder Klaus, Flüeli-Ranft

Niklaus von Flüe gilt als eine der kraftvollsten Figuren der Schweizer Geschichte. Der Obwaldner Einsiedler und Staatsmann hatte erheblichen Einfluss
auf die Entwicklung der Eidgenossenschaft. Zwanzig Jahre seines Lebens verbrachte er in einer Schlucht unweit seines einstigen Wohnorts. Nach seinem
Tod entwickelte sich die Klause zu einem der bedeutendsten Wallfahrtsorte der
Schweiz.

Wie so oft hatte sich auch dieser Zwist um Geld und Gier entzündet. Nachdem die Eidgenossen in den Burgunderkriegen reiche Beute gemacht hatten, verkrachten sie sich wegen der Verteilung. Insbesondere zwischen

Krypta im Kloster
Bethanien

Kapelle St. Niklausen

den städtischen und den ländlichen Orten (den Vorläufern der heutigen Kantone) entzündete sich ein heftiger Konflikt, der die Eidgenossenschaft an den Rand eines Bürgerkriegs brachte. Dieser drehte sich auch um die Frage, ob der Staatenbund um neue Mitglieder – Freiburg und Solothurn – erweitert werden solle. Kurz vor Weihnachten 1481 traf man sich zur Tagsatzung in Stans, um einen Ausgleich zu suchen. Doch den Abgesandten gelang es nicht, den Streit beizulegen.

In der nahezu ausweglos scheinenden Situation machte sich der Stanser Pfarrer Heimo Amgrund in einer Winternacht auf den Weg zur Waldschlucht bei Flüeli-Ranft. Dort lebte ein Einsiedler, der sich Bruder Klaus nannte. Anderntags kehrte der Bote mit einer Mitteilung des Eremiten nach Stans zurück, die sogleich zu einer Einigung führte. Die Botschaft aus der Ranftschlucht gilt als geheim – oder zumindest lässt sich festhalten, dass sie nicht überliefert ist. Das auf ihrer Basis ausgearbeitete Vertragswerk des Stanser Verkommnisses legte Massstäbe und Instrumente der innereidgenössischen Friedenssicherung fest und leistete damit einen wichtigen Beitrag zur Konsolidierung des Staatenbunds.

Mit seiner Vermittlung trat Bruder Klaus als Friedensstifter in Erscheinung. Der Mann muss eine aussergewöhnliche Persönlichkeit gewesen sein. Die ersten fünfzig Jahre seines Lebens verbrachte Niklaus von Flüe, wie er ursprünglich hiess, als Bauer und Familienvater. In dieser Zeit bekleidete er verschiedene politische Ämter. Dann begann er eine Pilgerreise, die er jedoch schon nach kurzer Zeit abbrach, um fortan als Einsiedler zu leben. 1467 verliess er Frau und Kinder und liess sich im engen Tal der Melchaa nieder, nur einen Steinwurf von seinem früheren Wohnhaus und von seiner Familie entfernt. Freunde und Nachbarn bauten für ihn in der Schlucht eine Kapelle und später eine kleine Wohnkammer. In der bescheidenen Klause widmete sich der Einsiedler dem Gebet und der mystischen Kontemplation, zudem war er als Seelsorger tätig.

Schon bald suchte ihn nicht nur die umliegende Bevölkerung auf. Auch Notabeln von nah und fern statteten dem Eremiten Besuch ab, um bei ihm Ratschläge einzuholen. Rasch verbreitete sich die Kunde, Bruder Klaus lebe ohne eigentliche Nahrung und nehme nur Wasser und die Kommunion (das heisst: Hostien) zu sich. Das dadurch ausgelöste kirchliche Misstrauen führte zu offiziellen Untersuchungen, die jedoch weder Betrug noch Hexerei zutage förderten.

1487 verstarb Bruder Klaus; 1947 wurde er heiliggesprochen. Schon bald nach dem Tod des Eremiten wurde der Ranft zu einem bedeutenden Wallfahrtsort. Um die grossen Pilgerströme aufnehmen zu können, baute man 1501 etwas weiter unten in der Schlucht eine zweite, grössere Kapelle. Der stattliche Bau gilt als einer der schönsten Repräsentanten spätgotischer Sakralarchitektur der Schweiz. Unter den Fresken, die ihn schmücken, fällt besonders die monumentale Darstellung von 1921 an der Rückwand auf: Sie zeigt einen völkermordenden Totentanz des Ersten Weltkriegs mit Bruder Klaus als Fürbitter der Schweiz.

Die obere Ranftkapelle, die ursprüngliche Wirkungsstätte des Eremiten, musste Ende des 17. Jahrhunderts aufgrund des Hangdrucks ersetzt werden. Die an den Neubau angelehnte Zelle entspricht in Gestalt und Material noch weitgehend dem Zustand, in dem Bruder Klaus sie bewohnt hatte. Die Zelle weist zwei Fenster auf – eines ist gegen die Welt hin ausgerichtet, das andere zum Altar der Kapelle.

In Verkennung seiner universalen Sichtweise ist Niklaus von Flüe immer wieder politisch instrumentalisiert worden (und wird dies bis heute). Das begann bereits wenige Jahrzehnte nach seinem Tod, als ihm ein Luzerner Chronist einen Ausspruch in den Mund legte, den der Eremit zwar nie getan hatte, mit dem er aber fortan stets in Verbindung gebracht werden sollte: «Macht den Zaun nicht zu weit.» Während die katholischen Stände mit dem (gefälschten) Zitat eine Erweiterung der Eidgenossenschaft um reformierte Gebiete verhindern wollten, wird damit auch in der Gegenwart immer wieder die Neutralität der Schweiz zu untermauern versucht.

Die politische Vereinnahmung erklärt möglicherweise, weshalb Niklaus von Flüe im Unterschied etwa zum heiligen Jakob kaum als Richtschnur für zeitgeistige Wallfahrten dient. Und dennoch übt der sperrige Heilige aus der Waldschlucht auch heute eine eigentümliche Anziehungskraft aus. Der Ranft ist jedenfalls ein gut besuchter Pilgerort, der nicht nur von Gläubigen aus der Schweiz, sondern auch aus zahlreichen anderen Ländern Europas, namentlich Deutschland, aufgesucht wird.

Die klassische Route, auf der die Pilgerinnen und Pilger zur Kapelle des Eremiten gelangen, führt von der Pfarrkirche Sachseln, wo die Gebeine Niklaus von Flües ruhen, ins Dorf Flüeli-Ranft und zur Ranftschlucht. Für die rund drei Kilometer lange, fast durchgehend auf Asphalt verlaufende Strecke benötigt man etwa eine Stunde. Landschaftlich schöner ist der Bruderklausenweg, der in Stans beginnt und im Ranft endet. Es dürfte sich in etwa um jene Strecke handeln, die seinerzeit der Bote Amgrund

‹
Flüeli, Hotel Paxmontana

›
Obere Ranftkapelle

benutzte, um den friedenstiftenden Einsiedler aufzusuchen. Die rund fünfstündige Wanderung verläuft allerdings ebenfalls gut zur Hälfte auf Asphalt.

Eine der attraktivsten Möglichkeiten, sich zur Einsiedelei des Bruder Klaus zu begeben, ist die kurze und leichte Rundwanderung von Flüeli-Ranft über die Hohe Brücke und St. Niklausen in die Melchaa-Schlucht. Neben der oberen und der unteren Kapelle im Ranft säumen mehrere weitere interessante sakrale Bauwerke die Strecke. Dazu zählt das Dominikanerinnenkloster Bethanien. Es verfügt über eine prachtvolle, in Holzbauweise gestaltete Kapelle und eine nicht minder ungewöhnliche Krypta, die beide öffentlich zugänglich sind.

Auch die Kapelle St. Niklausen oberhalb des gleichnamigen Dörfchens ist einen Besuch wert, nicht zuletzt wegen des gotischen Bilderzyklus, der ihre Wände ziert. Ein weiteres, etwas abgelegenes Kleinod ist die Mösli-kapelle auf der Ostseite der Melchaa-Schlucht. Sie war für den aus Bayern stammenden Bruder Ulrich errichtet worden, der sich dort zunächst in einer Erdnische unter einem Findling eingerichtet hatte, um dem von ihm verehrten Bruder Klaus nachzueifern. Nachdem er beim Fasten grosse gesundheitliche Probleme erlitten hatte, musste er sich von seinem Vorbild allerdings ermahnen lassen: Askese sei halt nicht jedermanns Sache, meinte Bruder Klaus.

Die Route digital
für unterwegs.

Schwierigkeit
T1

Strecke
8,3 km

Höhendifferenz
360 m Auf- und Abstieg

Wanderzeit
2 ½ Std.

Anteil Naturbelag
70 %

Ausgangs- und Endpunkt
Flüeli-Ranft, Dorf (Bus)

Einkehren
Verschiedene Gaststätten in Flüeli-Ranft

Ideale Jahreszeit
Ganzjährig begehbar

Route
Vom Dörfchen Flüeli (728 m) geht es am
Jugendstilhotel Paxmontana vorbei über dem
Westrand der Melchaa-Schlucht zur Hohen Brücke
(629 m). Auf der anderen Seite des Übergangs
gelangt man nach Haueti, wo die Hauptstrasse
überquert wird, und von dort in einem weiten
Bogen über Eggli (780 m) nach Bethanien. Mit der
Kapelle St. Niklausen (827 m) erreicht man den
höchsten Punkt der Tour. Über Mösli (auf der
Landeskarte «Müsli») geht es in die Melchaa-
Schlucht hinunter und an den beiden Ranft-
kapellen vorbei zurück nach Flüeli.

Oberhalb Spiss,
Ausblick nach Altdorf

Reicher Sakralkosmos des Schächentals

Kapellenweg Bürglen

In Bürglen gibt es eine Fülle von Sakralbauten: Kirchen, Kapellen, Gebetsgrotten und Bildstöcke prägen das Dorf im Schächental und seine Umgebung. Der Kapellenweg verbindet knapp ein Dutzend davon.

Wer den Kapellenweg Bürglen beschreitet, unternimmt keine klassische Wanderung von einem Ausgangspunkt zu einem Zielpunkt, sondern eher einen etwas ausführlichen Spaziergang, der in zweieinhalb Schlaufen rund um das Dorf führt. Die Tour verläuft mehrheitlich auf gelb signalisierten Wanderwegen, teilweise aber auch auf Landwirtschaftssträsschen, was den Anteil an asphaltierten Strecken zwangsläufig erhöht.

Dank dem im Urnerland oft auftretenden Föhnwind weist Bürglen ein mildes Klima auf. Am sonnigen Südhang gibt es mehrere kleine Rebberge, in manchen Gärten sieht man sogar Palmen. Der Kapellenweg beginnt im Dorfzentrum. Am Wattigwilerturm vorbei, einem von vier Wohn- und Wehrtürmen des Dorfs aus dem 13. Jahrhundert, geht es zur Pfarrkirche, wo gleich unterhalb der Strasse bereits die ersten beiden Kapellen stehen.

Der Kapellenweg Bürglen führt zu insgesamt elf Stationen. Ein Flyer, der auf der Website der Gemeinde verfügbar ist, zeigt die einzelnen Standorte schematisch auf. Darin sind allerdings längst nicht alle Sakralbauten der Gegend erfasst. Im Dorf und in der näheren Umgebung gibt es etliche weitere Kapellen und Bildstöcke sowie überdies eine verborgene Grotte. So sind auch etwa die beiden ersten in der dazugehörigen Wegbeschreibung erwähnten Kapellen – die Ölbergkapelle und die Beinhauskapelle, in der mehrere Schädel ruhen – nicht Teil des Kapellenwegs.

Den ersten offiziellen Stationen des Themenwegs begegnet man im Abstieg Richtung Altdorf. Es handelt sich um die Tellskapelle, die angeblich an der Stelle von Tells Wohnhaus errichtet wurde, sowie, unweit davon, eine dem heiligen Antonius gewidmete Kapelle. Im Quartier Hartolfingen verlässt man den Wanderweg Richtung Altdorf und steigt hangwärts zum Wald auf. Schon bald erreicht man die Spissgrotte, eine Freilichtkapelle mit Sitzbänken und einer kleinen Höhle. Noch etwas höher liegt die Spisskapelle, eine winzige Holzkapelle mitten im Wald. Sie ist von mehreren Holzbänken umgeben, die nach dem kurzen, aber steilen Aufstieg zur Rast einladen.

Wenig später geht es gleich wieder hinunter gegen den Talfluss Schächen. Der steil abwärts führende Wiesenweg bietet einen schönen Ausblick auf die Reussebene rund um Altdorf. Am Waldrand kommt man an einer ungewöhnlichen sakralen Konstellation vorbei: Mitten in der abschüssigen Weide ragt ein grosses Holzkruzifix auf, darunter, im Hang eingegraben, verbirgt sich ein kleines Gewölbe mit einer Pietà.

Dem Sonnenhang entlang wandert man nun in leichtem Auf und Ab durch den Wald, über Weideland und an Rebbergen vorbei. An verschiedenen Orten konturieren alte, gut erhaltene Trockenmauern die Landschaft. Auf einem Strässchen gelangt man zum Holdenbach und folgt diesem bergwärts. Während der offizielle Wanderweg schon bald rechts abzweigt, geht der Kapellenweg in einen schmalen Waldpfad über und verbleibt noch eine Weile auf der Westseite des Wildbachs, ehe er sich ins Tobel des Butzlibachs senkt.

Der Wasserlauf des kleinen Seitenbachs wird auf einem einfachen Metallsteg überquert. Auf der anderen Seite, etwas oberhalb des Kapellenwegs, begegnet man dem wohl eindrücklichsten Sakralstandort des Tals: Am Fuss einer überhängenden Felswand befindet sich eine natürliche Lourdesgrotte. Auf dem Kapellenwegplan ist sie nicht vermerkt, denn der

<
Links: Loretokapelle
bei Brügg
Rechts: In der Kapelle
«Verlassene Mutter»

>
Wallfahrtskapelle
im Riedertal

Zustieg ist etwas heikel. Er erfolgt auf einem schmalen Pfad auf der Ostseite des Bachbetts. Das Weglein windet sich steil den steinigen Abhang hoch.

An dieser wilden Stätte manifestiert sich eine kraftvolle, nicht durchwegs kitschfreie Volksfrömmigkeit: Unbehauene Natursteine formen einen kleinen Altar, auf dem Andachtsbilder, Heiligenfiguren und Plastikblumen-Arrangements stehen. Weit und breit sind weder Häuser noch Strassen zu sehen, sondern nur Felsen und Bäume, während weiter hinten im Tobel ein kleiner Wasserfall plätschert. An einem solch malerischen Schauplatz wird Naturlandschaft zur Kirche.

Von der nahen Beigenkapelle geht es zunächst durch einen prachtvollen alten, von Trockenmauern gesäumten Hohlweg, dann auf Hartbelag zum Weiler Sigmanig und weiter nach Brügg hinunter. Dort befindet sich die winzige Kapelle «Verlassene Mutter», nebenan die wesentlich grössere Loretokapelle. Etwas oberhalb davon beginnt die dritte Teilrunde des Kapellenwegs, die eigentlich keine richtige Schlaufe ist, denn vom Abstecher ins Riedertal kehrt man auf gleichem Weg wieder zurück.

Anhaltend und mässig steil geht es das bewaldete Tal hoch, zuerst auf Asphalt, dann auf Naturwegen, die teilweise zwischen freistehenden Trockenmauern verlaufen und mit Natursteinpflästerung versehen sind. Der Weg ist von den Bildstöcken eines Kreuzwegs gesäumt. An dessen Ende steht die Kapelle «Unsere Liebe Frau im Riedertal». Trotz ihrer abgeschiedenen Lage auf einer Waldlichtung gilt sie als einer der bedeutendsten Wallfahrtsorte im Kanton Uri.

Mit ihren stattlichen Dimensionen wirkt die Kapelle eher wie eine Kirche. Im Inneren ist sie vollständig mit Fresken aus dem 16. und 17. Jahrhundert bemalt, weshalb sie zuweilen als «Sixtina von Uri» bezeichnet wird. Das Gnadenbild im gotischen Chor geht auf das 14. Jahrhundert zurück. An den Seitenwänden hängen zahlreiche alte Votivtafeln.

Vielerorts ist der Aussenbereich von Kapellen mit Sitzbänken ausgestattet, die zum Ausruhen einladen — auch in Bürglen. In der Nähe der Kapelle Riedertal steht sogar ein richtiges Rasthäuschen aus Holz, sodass man hier selbst bei nassem Wetter seinen Imbiss trockenen Hauptes einnehmen kann.

Der letzte Teil der Wanderung verläuft mehrheitlich auf Hartbelag. Von der ersten Station des Kreuzwegs unten am Eingang ins Riedertal geht es auf Asphaltsträsschen zurück ins Dorfzentrum von Bürglen. Einzig im Gebiet Gosmerbiel gibt es nochmals einen kurzen Abschnitt auf einem historischen Verkehrsweg, den beidseits schöne, gut erhaltene Trockenmauern einfassen.

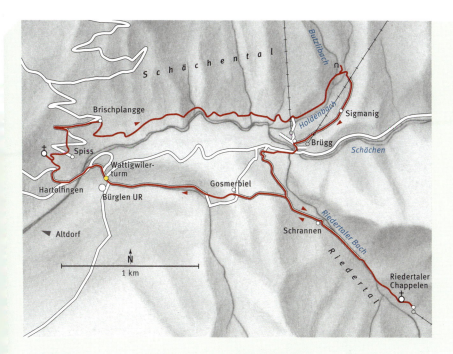

Die Route digital
für unterwegs.

Schwierigkeit
T1

Strecke
10,1 km

Höhendifferenz
730 m Auf- und Abstieg

Wanderzeit
3¾ Std.

Anteil Naturbelag
50 %

Ausgangs- und Endpunkt
Bürglen UR, Dorf (Bus)

Einkehren
Diverse Gaststätten in Bürglen und Brügg

Ideale Jahreszeit
Anfang April bis Mitte November

Route
Der Kapellenweg Bürglen verläuft teilweise
ausserhalb des Wanderwegnetzes. Er beginnt bei
der zentral gelegenen Dorfkirche (553 m) und führt
zunächst nach Hartolfingen (518 m) hinunter, dann
im Wald nach Spiss und über die Brischplangge
(698 m) wieder gegen den Schächen hin. Taleinwärts folgt man dem Fluss. Nach einer Schlaufe
ins Tal des Holdenbachs (751 m) führt der Kapellenweg über Sigmanig nach Brügg (649 m),
dann zur Wallfahrtskapelle im Riedertal (900 m)
und schliesslich zurück zum Ausgangspunkt.

Lourdesgrotte im Tobel des Butzlibachs

Die Schwarze Madonna im finsteren Wald

35

Kloster Einsiedeln

Ein seltsamer Flurname plus eine schludrige Aussprache – das genügte, um die Luzerner als Tierquäler zu brandmarken. Dabei pilgerten sie bloss nach Einsiedeln, dem bedeutendsten Wallfahrtsort der Schweiz.

Er war adliger Abstammung, doch es zog ihn in die Wildnis und Einsamkeit. Fündig wurde der Benediktinermönch Meinrad in einem abgelegenen Hochtal südlich des Zürichsees. Als «Finsteren Wald» bezeichnete man die Gegend, in die er sich zurückzog. Trotz der Abgeschiedenheit seiner Einsiedelei suchten ihn dort Gläubige auf, um ihn um Rat und Beistand zu bitten. Die Gaben, die sie zum Dank hinterliessen, veranlassten zwei Räuber, den Eremiten zu überfallen und ihn am Ende zu töten. Nach der Sage wurden sie danach von zwei Raben, die ihn stets begleitet hatten, bis nach Zürich verfolgt. Auf diese Weise wurde ihr Verbrechen aufgedeckt, worauf sie der Todesstrafe zugeführt wurden.

Diese Geschehnisse trugen sich im 9. Jahrhundert zu. Nach Meinrads Tod gründeten seine Ordensbrüder an der Stätte seines Wirkens ein Kloster. Laut einer Legende wurde es nicht vom dafür zuständigen Bischof geweiht, sondern von Christus selbst und einem Chor von Engeln. Aufgrund dieser Kunde entwickelte sich der Ort schon bald zu einer viel besuchten Wallfahrtsstätte. Entsprechend mächtig wurde das Kloster im Laufe der Zeit. Auch heute gilt es als grösster privater Grundeigentümer der Schweiz. Allein schon die monumentale Klosteranlage mit dem grosszügig dimensionierten Vorplatz zeugt vom wirtschaftlichen Wohlergehen der Abtei.

Das eigentliche Pilgerziel in Einsiedeln ist die Schwarze Madonna, die in der Gnadenkapelle der Klosterkirche untergebracht ist. Es handelt sich um eine knapp 1,2 Meter hohe, in ein prunkvolles Gewand gekleidete Marienfigur mit Jesuskind auf dem Arm. Sie stammt aus dem 15. Jahrhundert und ersetzte eine romanische Vorgängerfigur, die vermutlich bei einem Brand zerstört worden war. Der dunkle Farbton der Madonna wird auf die jahrhundertelange Einwirkung von Kerzenrauch und Lampenruss zurückgeführt.

<
Vor dem Kloster liegt
der grösste Kirchen-
vorplatz der Schweiz.

>
Moorlandschaft
Rothenthurm

Aufstieg zum
Chatzenstrick

Im Gefolge der französischen Revolution erlebte die aus Lindenholz geschnitzte Statue eine abenteuerliche Odyssee. Sie konnte im Mai 1798 ins nahe Alpthal verbracht werden, kurz bevor französische Truppen Einsiedeln besetzten und die alte Gnadenkapelle abrissen. Um die Marienfigur vor der unvermeidlichen Zerstörung zu bewahren, vergrub man sie an der Haggenegg für einige Wochen in der Erde. Später schmuggelte man sie nach Österreich, wo sie über verschiedene Stationen von Vorarlberg via Tirol bis nach Triest gelangte.

Das unterirdische Versteck auf der Alp hatte der Holzfigur arg zugesetzt. Sie wurde deshalb 1799 durch einen Kunstmaler restauriert. Dieser hatte nach einer eingehenden Untersuchung festgestellt, dass Gesicht und Hände sowohl der Maria als auch des Jesuskinds ursprünglich fleischfarben waren. Eine hübsche Geschichte besagt, der Künstler solle sich entschieden haben, die Madonna wieder in ihren ursprünglichen Zustand zu versetzen. Weil dies jedoch den Unmut der Bevölkerung geweckt habe, seien die sichtbaren Körperteile der Figur nachträglich mit schwarzer Farbe bemalt worden. Nach heutiger Erkenntnis gehört diese Episode ins Reich der Legenden — die Einfärbung erfolgte wohl bereits während der Restaurierung.

Einsiedeln zieht auch heute jedes Jahr Hunderttausende Gläubige an und ist damit der bedeutendste Wallfahrtsort der Schweiz. Menschen aus Spanien, Portugal, Deutschland, Polen und anderen Ländern suchen die

«Madonna vom finsteren Wald» auf. Heute reisen viele Pilgerinnen und Pilger gruppenweise in Cars an. Früher hingegen gab es kaum eine Alternative zum Fussmarsch: Wer nach Einsiedeln wollte, musste den Weg unter die Füsse nehmen. Die bevorzugte Route aus der Richtung Luzern (auch Ob- und Nidwaldnerinnen sowie Zuger nutzten sie) führte über den Chatzenstrick, eine Anhöhe zwischen den Hochebenen von Rothenthurm und Einsiedeln.

Der eigenartige Flurname wurde früher auf eine Bauernfamilie zurückgeführt und würde sinngemäss etwa «Landstrich der Kätzi» bedeuten. Heute wird er so interpretiert, dass das Gelände auf der Einsiedler Seite steil abfällt, was beim Begehen die Geschmeidigkeit einer Katze erfordere. Als haltlos hat sich hingegen eine Deutung erwiesen, die unvorteilhaft für die Pilgerinnen und Pilger aus Luzern war. Weil in deren Dialekt vom «Chatzestreck» die Rede ist, nahm man an, sie hätten eine Vorliebe dafür, Katzen zu töten, indem sie diese an Kopf und Schwanz packten und in die Länge zogen. Die zu Unrecht Verunglimpften haben sich heute mit dieser Zuschreibung versöhnt. Eine Luzerner Confiserie verkauft gar ein Florentinergebäck namens «Chatzestreckerli».

Westlich des Chatzenstricks liegt die Moorebene von Rothenthurm, ein Gebiet von ausserordentlicher landschaftlicher Schönheit. Die je nach Jahreszeit goldgelb oder rotbraun schimmernden Riedflächen bilden das grösste zusammenhängende Hochmoor der Schweiz. Nachdem dort ein militärischer Waffenplatz geplant war, wurde die Moorlandschaft 1987 per Volksabstimmung unter Schutz gestellt.

Die schwarze Madonna
von Einsiedeln

Votivtafel von 1932

Kiessträsschen und Naturpfade durchziehen das Moorgebiet. Manche Wege sind im Frühling und Frühsommer zum Schutz von brütenden Vögeln gesperrt. Wer auf dem Wanderweg von Rothenthurm zur Altmatt unterwegs ist, muss deshalb je nach Jahreszeit die eine oder andere Umleitung in Kauf nehmen. Dem Genuss der weitgehend unberührten Moorlandschaft tut dies keinen Abbruch.

Vom Bahnhof Altmatt an (der Wegweiser dort ist mit «Dritte Altmatt» beschriftet) geht es für eine kurze Zeit auf Asphalt sanft bergan. Bei der Pension Schlüssel geht der Hartbelag bereits wieder in Schotter über. Sanft ansteigend zieht sich das Kiessträsschen den Hang hoch. Wer zu Fuss unterwegs ist, muss sich hier zuweilen etwas vorsehen — der Pilgerweg ist heute eine beliebte Veloroute.

Auf dem Chatzenstrick geniesst man eine Art Passerlebnis: Der höchste Punkt der Tour bietet eine schöne Aussicht zur Talebene von Einsiedeln, zu den umliegenden Gipfeln der Schwyzer Alpen und zum Glärnisch. Mit diesem eindrücklichen Panorama vor Augen leitet man den Abstieg nach Einsiedeln ein. Er verläuft zunächst sanft auf der Strasse, doch schon nach 200 Metern lässt man den Auto- und Veloverkehr hinter sich und schwenkt auf einen dem Fussverkehr vorbehaltenen Pfad ein. Jetzt öffnet sich auch die Sicht zu den beiden markanten Türmen der Einsiedler Klosterkirche.

Steil durch Weideland und Wald geht es gegen die Ebene hinunter, wo der schmale Weg wieder in die Strasse mündet. Nun durchwegs auf Asphalt geht es am Spital vorüber und über das Flüsschen Alp hinweg ins Zentrum von Einsiedeln, das architektonisch vom Klosterkomplex dominiert wird.

Die passende Wegzehrung am Chatzenstrick: Gebäck «Chatzestreckerli» einer Luzerner Confiserie

Die Route digital
für unterwegs.

Auf der Chatzen-
strick-Passhöhe

Schwierigkeit
T1

Strecke
10,8 km

Höhendifferenz
210 m Aufstieg, 250 m Abstieg

Wanderzeit
3 Std.

Anteil Naturbelag
60 %

Ausgangspunkt
Rothenthurm (Bahn)

Endpunkt
Einsiedeln (Bahn)

Einkehren
Diverse Gaststätten in Einsiedeln

Ideale Jahreszeit
Anfang Mai bis Ende November

Route
Die Pilgerwanderung von Rothenthurm nach
Einsiedeln verläuft in der ersten Hälfte praktisch
ebenen Wegs: Auf dem «Moorweg Rothenthurm»,
der Rothenthurm (923 m) mit Biberbrugg verbindet, wandert man durch das grösste Hoch-
moorgebiet der Schweiz. Bei der Dritten Altmatt
lässt man die Moorlandschaft hinter sich und
gelangt mässig steil ansteigend zum Chatzenstrick
(1053 m). Der Hügelzug bildet eine Art Passübergang, auf dessen östlicher Seite man nach
Einsiedeln (880 m) absteigt.

Die Wanderung von
der Stockhütte nach
Niederrickenbach endet
bei der Wallfahrtskirche
Maria Rickenbach.

Andreas Staeger
ist Journalist und leidenschaftlicher Wanderer.
Er schreibt regelmässig Wanderreportagen
in verschiedenen Zeitschriften und Zeitungen
und ist Autor mehrerer Wanderbücher.